一本书读懂马云

人可以犯错，但人生一定要学会少走弯路。

人生导师非常道

—◦ 非常之人，必有非常之语、非常之处 ◦—

马云非常道

我的成功不是偶然

甘开全◎著

新世界出版社
NEW WORLD PRESS

图书在版编目（CIP）数据

马云非常道：我的成功不是偶然 / 甘开全著. —北京：新世界出版社，2014.6

ISBN 978-7-5104-4326-8

Ⅰ. ①马… Ⅱ. ①甘… Ⅲ. ①马云－生平事迹 Ⅳ. ①K825.38

中国版本图书馆CIP数据核字（2014）第118996号

马云非常道：我的成功不是偶然

作　　者：甘开全
责任编辑：杜　力
责任印制：李一鸣　吴海兵
出版发行：新世界出版社
社　　址：北京西城区百万庄大街24号（100037）
发 行 部：（010）6899 5968　（010）6899 8705（传真）
总 编 室：（010）6899 5424　（010）6832 6679（传真）
http：//www.nwp.cn
http：//www.newworld-press.com
版 权 部：+8610 6899 6306
版权部电子信箱：frank@nwp.com.cn
印　　刷：北京彩眸彩色印刷有限公司
经　　销：新华书店
开　　本：710×1000　1/16
字　　数：210千字
印　　张：14
版　　次：2014年9月第1版　2015年1月第3次印刷
书　　号：ISBN 978-7-5104-4326-8
定　　价：36.00元

PREFACE 前言

读懂马云，扎根中国

机会在哪里？我告诉自己，也告诉年轻人，机会就在有人抱怨的地方。当有人抱怨时，机遇也同时存在。尤其是在中国，每个人都在表达不满。当每个人都在抱怨的时候，机会就出现了。处理不满，解决存在的问题，如果你跟其他人一样抱怨，你也没什么希望了。所以当我听到别人埋怨时，我就会觉得很兴奋，因为我看到了机会，会想我可以为这做些什么。

自从马云成为中国互联网商业帝国的领军人物，他的每一次发声，都会在商界和社会上引起极大的反响。乍一听，马云的许多话往往语出惊人。但是，只要大家仔细读来，细细品味就会发现，马云的话其实并不惊世骇俗，反而展现出他对在中国为人、做事的深刻体悟。大多数人之所以会觉得惊讶，恰恰是因为缺乏对中国社会的深入了解，而马云却把我们生活的这个社会读得清清楚楚、明明白白——在怨天尤人的人群里，他嗅到了机遇，并孤注一掷，一举成功；在浮躁享乐的大潮中，他为勤奋和坚持正名，忍一分，熬一秒，终于熬出一片广阔的天空。

在我们身边，从来不缺乏天生聪颖的读书郎，也不缺少出身富贵的公子哥，但只有马云这样的人，才真正做到了把自己的才华和智慧全部扎根在中国的土地上，生根发芽。

当无数人在不停地抱怨社会不公、把自己的失意都推给社会的时候，马云的话却一针见血：社会原本就不完美，世界本来就不公平。想要让社会适应自己？不可能！

当年轻人唱着“生来彷徨”，为赋新词强说愁的时候，马云却毫不客气地告诫：“没有王子公主的命就别学只有王子公主才能得的病，人家有时间、金钱去仰望天空、去抑郁彷徨，你没有，你必须奋斗，你生来就背负着家庭、生活的重担！”

当大多数人以舒适的生活和轻松的工作为人生追求时，马云又一次唱反调——“苦才是人生”：“真的很累吗？累就对了，舒服是留给死人的！苦才是人生，累才是工作，变才是命运，忍才是历练，容才是智慧，静才是修养，舍才是得到，做才是拥有。如果感到此时的自己很辛苦，告诉自己：容易走的路都是下坡路，坚持住，因为你正在走上坡路。”

当有些年轻人刚开始创业，就大谈创业梦想和企业战略时，马云却入木三分地提出建议：“小公司的战略就几个字：活下来，挣钱。”

当每个人都在幻想着成功的美妙时，马云却只提失败：“对所有创业者来说，永远告诉自己一句话：从创业的第一天起，你每天要面对的是困难和失败，而不是成功。”

马云说：“我从来不是互联网的英雄，我就是个杭州起来的凡人。”确实，他三次高考落榜，却上演了从草根到精英的逆转好戏；他其貌不扬，但却成为媒体、大众、追星族的“宠儿”；他个子不高，却成为中国乃至全球电子商务的“巨人”。无论先天因素，还是后天时运，我们丝毫没有看出马云具有在这个时代成就伟业的优势，可是他做到了！他的人生哲学、他的处事原则、他的经营之道，都无不来自他深植于中国社会的智慧。

“毒舌”马云的话似乎总会让我们如鲠在喉，仿佛迎面泼来一盆凉水。但“良药苦口利于病，忠言逆耳利于行”，如果读过马云的话，时时令你有醍醐灌顶之感，那么恭喜你，他将引领你读懂中国，读懂中国社会，你的人生也因此可以少走许多本不应有的弯路。

来吧，读懂马云，你或许也将步入不凡！

CONTENTS 目录

第1章

活着，怎么活
——决定马云命运的价值观

第2章

创业，怎么做
——从零开始创业的秘诀

第4章

战略，怎么出
——布局的智慧

第5章

炼心，怎么修
——修炼强者心态

第6章

价值，怎么算
——打磨人生的核心竞争力

第1章

活着，怎么活

决定马云命运的
价值观

不公平的世界

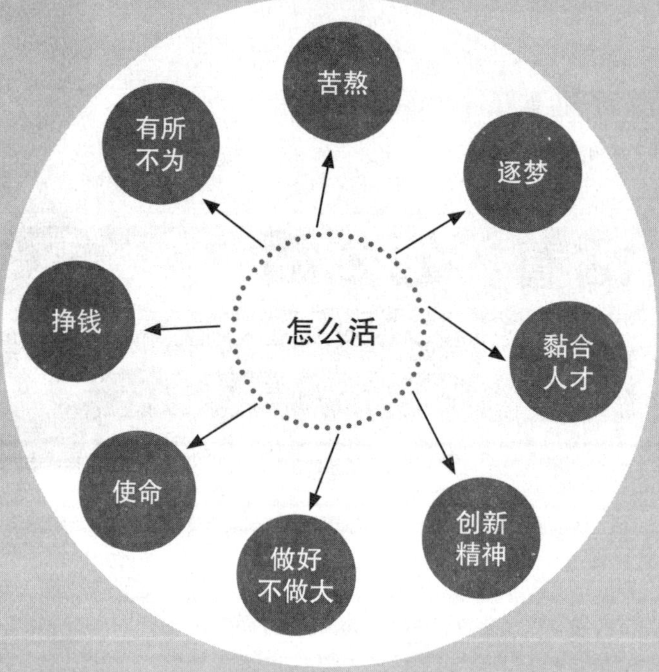

不公平的世界和不完美的社会

我想每个人要清楚，世界不公平。你如果想改变它，第一告诉你不可能；第二去从政，也不可能。人可以不一样，出生的条件不一样，但人是可以幸福的。

世界本来就是不公平的，怎么可能公平？你出生在农村，盖茨的孩子出生在盖茨家里面，你能比吗？但是有一点是公平的，比尔·盖茨一天24小时，你一天也是24小时。

没有人是完美的，社会不可能完美，因为社会由所有不完美的人组成在一起。你的职责是比别人多勤奋一点、多努力一点、多有一点理想，世界才会好起来。我就是这么走过来的。我没有任何理由走到今天，唯一的理由是我比同龄人更加乐观，更加会找乐子，更加懂得左手温暖右手，相信明天会更好！

——2010年12月6日马云在对外经济贸易大学的“与80后面对面”演讲

1995年初，在美国拉斯维加斯赌城的一家豪华赌场里，有一位“貌似美国大老板”的鹰钩鼻白人，领着一位身材瘦小的东方小个子。豪华赌场里成千上万台老虎机纵横交错地摆满了整个大厅和每个角落，他们仿佛进入了一座光怪陆离、金碧辉煌的迷宫，四处迷漫着机器沉闷的旋转声，金钱叮叮当当的散落声，人们的尖叫声和咒骂声……

鹰钩鼻白人两手一摊：“请自便，好好玩一通吧。”

东方小个子点点头：“那我就碰碰运气吧。”

随后，鹰钩鼻白人迅速消失在那些醉生梦死的赌客中，而东方小个子则取出25美分的小硬币，来到一台老虎机前，小心翼翼地塞进投币口，只听“丁零”一声，一切准备就绪，然后他像别人那样按下了那个红色按钮。只见机器飞速旋转起来，最后东方小个子赢得600美元。不过，他环顾四周、不做声张，把赢得的钱悄悄藏在自己身上……

美国佬的“双国骗”

那位东方小个子就是31岁的马云，那位鹰钩鼻白人就是雇主，雇马云来做他的中文翻译。鹰钩鼻白人的另一个身份是浙江杭州至安徽阜阳高速公路的国外投资方代表。

鹰钩鼻白人跟杭州市政府和市交通局谈判了一年，但是工程款却一直没有拨付。美方和中方，都以为是翻译出了问题。而当时，马云办了海博翻译社，能说一口地道的英语，所以他获得杭州市政府和市交通局的“特别授意”，要跟着美国佬去美国“收债”。

在美国这段时间里，马云肩负着“收债”的重任，因为当时杭州有上千民工在修高速公路，修了一年多，工钱就拖了一年多，如果再有延迟，势必会引发更多的社会问题。然而，美国佬却不配合马云的工作，一会儿说董事会不同意拨款，一会儿想用10万美元收买马云一起欺骗中国人。美国佬的如意算盘是：自己一毛不拔，等高速路建成后，获取路费的收取权，再利用收到的过路费慢慢偿还所有欠款。正所谓，空手套白狼，无本而万利。

很多80后认为自己属于“最倒霉一代”，他们的抱怨也最多：求职难、收入低、高通胀、高房价、无资源，满街都是90后“富二代”炫富与“卖萌”……可是，“最倒霉”的80后有马云倒霉吗？马云第一次跨出国门就碰上了一个国际大骗子。

在那个年代，出国原本是一件十分风光的事情，可是让马云万万没有想到的是，自己的经历却是“非同寻常”。别人出国名利双收，自己出国却碰上了社会阴暗面。这让马云觉得十分后悔，只恨自己当初不应该答应出国收债，更觉得社会到处是欺骗，在冥冥之中，似乎有人在跟自己作对，一不小心就被别人设局算计。正如马云所说，世界是不公平的，社会是不完美的。

美式“糖衣炮弹”

马云彻底看穿了美国佬原来是个“不折不扣的大骗子”，正气凛然的马云断然拒绝与骗子同流合污。然而，美国佬不死心，想用美式“糖衣炮弹”腐蚀和拉拢马云。这次，美国佬带马云来拉斯维加斯大赌窟，就是想用金钱、美女拉拢马云。年轻的马云深知个中关系错综复杂、此行凶多吉少，只好将计就计，想逮住机会逃回中国。

为了摧毁马云的意志，美国佬特意安排马云入住拉斯维加斯的豪华宾馆顶楼的高级套房，里面有着最先进的生活设施。马云只要躺在床上一按旋钮，屋顶的天窗马上缓缓打开，隔着透明的玻璃，就能看到满天的繁星，那些星星不怀好意地、俏皮地、充满诱惑地向马云眨着眼睛……这是典型的美式精英生活，一切都是那么舒适、自由，让人心旌摇曳……

不论是过去还是现在，“糖衣炮弹”的杀伤力都是巨大的，在其无孔不入的攻击下，有一些立场不坚定的人最终沦为社会的罪人。假若人的本性是贪腐，再加上“糖衣炮弹”推波助澜，那就无可救药了，正所谓久居鲍鱼之肆而不闻其臭。

幸好，当时马云的立场比较坚定、头脑比较清醒，他又做过几年老师，注重为人师表，是个有骨气的中国人。正如孟子所言那样，马云真正做到了“富贵不能淫，贫贱不能移，威武不能屈”。马云为了那上千民工的生计，为了市政府的嘱托，为了自己的人格尊严不受丝毫玷污，他要向美国佬说“不”。

马云马上叫美国佬带他去见投资商，他要跟投资商直接谈工程款的问题。美国佬眼见事情就要败露，中间的油水捞不着还有可能会锒铛入狱，于是一面假惺惺地带马云会见投资商，一面盘算着如何收拾马云。

马云在会见投资商的这段时间里，一些美国人跟马云聊天时不断提起了互联网。因为1995年互联网在美国的发展可谓十分先进、十分迅猛，难怪美国人会引以为傲、津津乐道，难免有一些吹嘘本国和嘲讽别国的意味。

马云想尽办法见到美国投资商之后，发现真相并不像美国佬所说的那样是董事会不同意拨款，而是因为中间夹着一个“居心叵测”的投资代表，他们前前后后根本不清楚是怎么回事。那美国佬一头借着“中国高速路项目的高额回报”骗了美国投资商，另一头又借着“美国投资商全权代表的身份”骗了杭州市政府。所以，马云要迅速回国，说明一切真相。

美国佬见马云刚正不阿，就想给他一点颜色瞧瞧，叫人把马云软禁起来，强行拿走其所有的行李箱和衣物，既不给吃的也不给喝的。马云此前享受的总统般待遇立马变成像街上的乞丐一样，听天由命。幸好，天无绝人之路，美国佬他们没有发现马云偷偷藏在身上的600美元。

智逃魔窟

人是铁，饭是钢，马云死扛几天后，饿得实在不行了，看来只能斗智不能斗勇。于是，马云叫来美国佬，故意示弱地说：“如果你希望我回去跟你合作，作伪证的话，就先放了我吧。还有，你这样混饭吃是挣不了几个钱的，我们应该一起投资别的事情。”

美国佬说：“现在还没有捞到钱，拿什么投资呀？”

马云说：“我在你们这里看到了互联网，我们中国那边还没有。不如我们一起合作做这个，肯定发大财。钱的问题由我来解决……”

美国佬好吃懒做、投机取巧还可以，说要投资什么高科技自然是一窍不通，不过美国佬转念一想：反正自己不用出钱，如果故技重演，与马云合作在中国办个什么互联网公司，再骗他一轮，或许能赚大钱。于是，美国佬对马云说：“好吧，你自己看着办吧。”

马云见美国佬放松了警惕，就夺门而出，连行李箱都不要了。他靠在拉斯维加斯赌城赢来的600美元，借道洛杉矶，逃回了国内。

马云劫后余生，在跟海博翻译社同事们谈及这些惊险经历时，叹了口气说："那个家伙简直坏透了，后来他还被国际刑警通缉追捕呢。"

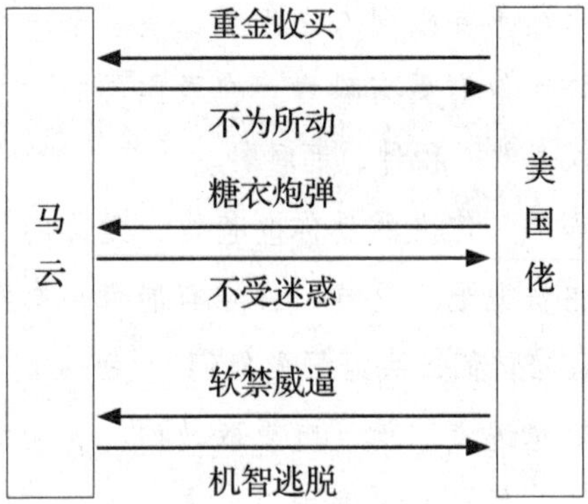

马云在美国"收债"的过程

活着，才有机会。当时马云被美国佬软禁后，如果采用"非暴力不合作"的态度，以绝食、沉默来对抗美国佬，可能很快就"玩完"了。马云读过很多武侠小说，知道英雄好汉能屈也能伸，例如"苦儿历险记"似的人物袁承志，命运跟自己开玩笑的萧峰等。面对美国佬的威逼利诱，聪明的马云只能"投其所好"，拿互联网说事，最终智逃魔窟。

"祸兮福之所倚"，这个类似好莱坞大片《碟中谍》的非人经历，对马云人生观和世界观有着重要的影响。世界是不公平的，但正因为世界不公平才有了发展机会。是祸，也是福。因为这期间，马云接触到了前所未知的互联网，并判断出它在中国将拥有庞大的市场。虽说要回中国搞互联网，看起来好像是马云随口说的"脱身之计"，实际上是马云深思熟虑之后做出的决定。这次跨国劫难，最终成为马云事业和人生的新起点。

最困难的时候多熬一秒钟、两秒钟

永远不要跟别人比幸运。我从来没想过我比别人幸运，我也许比他们更有毅力。在最困难的时候，他们熬不住了，我可以多熬一秒钟、两秒钟。

如果，你真的爱你的爸妈，爱你的女朋友，就好好去奋斗、去拼搏吧。这样，你才有能力，有经济条件，有自由时间，去陪他们，去好好爱他们。

要想进步，就只有吸取教训。成功的经验都是歪曲的，成功了，想怎么说都可以，失败者没有发言权。可是，你可以通过他的事例反思、总结。教训，不仅要从自己身上吸取，还要从别人身上吸取。

——马云对年轻人的忠告

1982年，恢复高考后的第五个年头，夏日骄阳火毒俱下，恣睢无忌。18岁的马云坐到了高考的考场中，还没来得及抹掉额上的汗水，他最害怕的数学试卷就发下来了。马云迅速浏览了一遍，发现一题比一题难做，顿时两眼发黑、背生凉气，好像全身所有细胞都变成小泡沫直往上冒。

这时，马云怪不了别人，只能暗自悔恨，过去自己读了太多的武侠小说，平时又偏爱英语，对于数学却避而远之。不会做总不能交白卷吧，看着来回巡视、脸若铁铸的监考老师，马云只能硬着头皮，故作思考状，还在草稿纸上乱涂乱画以掩盖自己内心的恐慌……

落榜生的雾霾天空

不久后，马云的高考成绩出来了，他的数学只考了1分。这个消息不胫而走，父母的期望落空了，老师的担心应验了，马云报考志愿表上写的“北京大学”四个字生出翅膀飞走了。马云感觉一切都完了，晴天一个霹雳，天空雾霾弥漫！

落榜后，马云在家里受不了人们的鄙夷和奚落，就想出去找份临时工，想用工作来麻醉自己的痛楚。不过，落榜生的日子，真是祸不单行。马云和他表弟先去一家宾馆应聘做门童，宾馆经理只录用了又高又帅的表弟，而马云因为“长相问题”遭到了拒绝。

虽说人不可貌相，但马云最怕人家以貌取人。父亲知道后，就通过社会关系，帮马云找到一份临时工——到《山海经》《东海》《江南》等杂志社蹬三轮送书发货。每一天，马云都会把几家杂志的书刊，几十本捆成一包，然后踩着三轮车到10公里外的火车站，把书刊发往全国各地。

在工作之余，马云更加发奋读书，他还报了高考复读班，希望尽快圆自己的大学梦。

暑来寒往，1983年的高考如期而至。经过生活的磨炼和一年的复习，19岁的马云踌躇满志，第二次迈入了高考的考场。然而造化弄人，这一次高考，马云仍未摆脱落榜的厄运。据说那些高考数学题足以难倒外国专家，像马云这种有“数学恐惧症”的考生，当然会一败涂地。

当年，马云的数学考了19分，虽然比第一次高考时提高了18分，但总分离大学本科录取线还差140分。当马云告知父母这一消息时，父母仅存的一点希望瞬间灰飞烟灭。母亲说：“你天天看武侠小说，没治了，没一点希望了。”父亲说：“你就彻底死了这条心，安安稳稳做个临时工，学点手艺吧，这样至少能养活自己。” 马云低头沉默，半晌后不服气地说道：“我还要复读！”

父母拗不过马云，只能顺其自然。当时，马云白天上班挣学费，晚上就去高考复读班学习。每到星期天，马云还会特地早起，骑车一个小时到浙江大学的图书馆里读书，他要博览群书，充实自己。

在18岁成年之后，给马云的最大打击就是高考落榜。虽然有过失落与彷徨、恐惧与哀伤，但是马云并没有放弃高考，放弃自己的大学梦。他没有跟别人比幸运，而是跟别人比起了毅力，在最困难、最失落的时候，马云没有迷失自己、没有放弃梦想。虽然读大学并不一定能功成名就、光宗耀祖，但马云坚信知识可以改变命运、改变人生。后来，马云从商十几年，一直坚持利用电商为社会解决问题，从未放弃，最终让阿里巴巴度过了互联网泡沫、亚洲金融危机和诚信危机。正所谓，在最困难的时候，别人熬不住了，但是马云可以比别人多熬一秒钟、两秒钟。

第三次高考“救赎自己”

经过两次高考失利之后，马云知道，自己的英语和语文成绩都不错，就是数学在拖自己的后腿。穷则思变，现在是运用“独门武功”的时候了，于是马云施展“背多分”绝招，把数学高考的每种题型的解题公式、解题思路和运算过程都背了下来。

杭州西湖，波光粼粼、暖风荡漾，不时传来马云骑车的“叮当”声、反复背诵数学公式的声音。石火光阴，一闪而过，1984年的高考又到来了。一年来，马云彻底战胜了“数学恐惧症”，面对高考已是胸有成竹，枕戈待旦的他只求高考迅速到来，好以一场漂亮的翻身仗“救赎自己”。

不过，也有人向马云泼冷水。就在马云第三次高考的前三天，数学老师余老师冷不丁对马云说：“马云同学，你的数学成绩一塌糊涂，如果你这次能考及格，老师的姓，‘余’字就倒着写。”老师的反向激励，激发了马云的百倍斗志，他暗暗发誓要打破老师的预言。

三天后，马云参加第三次高考。在做数学题时，马云把解题要用的数学公式先背出来，抄到草稿纸上，然后用这些公式，组合套用，认真计算，一一解题。结果，最难攻克的数学高考被马云彻底征服了。从考场出来后，马云就和同学们对答案，马云十分欣喜，因为自己肯定超过60分，及格没有问题，老师的“余”字要倒着写了。不久后，高考成绩放榜，马云的数学考了79分。

就在马云要看数学老师出洋相时，一个不幸的消息又传来了。虽然马云的数学考了79分，但是他的总分只上了专科线，离本科线还差5分。马云的目标是上本科大学，而不是专科院校。就在眼看自己要卷铺盖回家，重新复读时，马云又被告知自己被本科院校破格录取了。原来，当时马云报考的是杭州师范学院（现杭州师范大学），学校考虑到外语专业招生不满，而马云的英语成绩又相当出众，于是学校的招生办人员就把马云调配进了该校的外语系本科专业学习。

短短几个月间，马云经历了乐极生悲而又否极泰来的命运起伏。就这样，马云圆了他的大学梦。

上大学后，因为马云的英语很好，专业学习没有压力，于是马云竞选上了学生会主席，开始为自己的灿烂人生夯实基础。

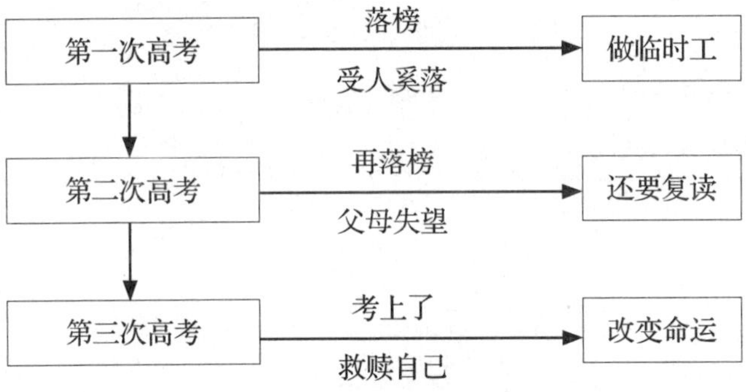

马云的三次高考

三载光阴，三次闯关，马云终于圆了自己的大学梦，以发愤图强的精神救赎了自己。马云这个成功虽然需要感谢父母的支持、老师的激励和校方的宽容，但是没有马云三年如一日的坚持，一切将成为泡影。如果马云没有考上大学，他的人生可能是另一种版本。可见，坚持梦想和反思、总结十分重要，放弃将是永远的失败，而擅于反思、总结，才能获得成功。马云经过两次高考失败后，通过反思、总结运用“独门武功”最终进入大学。

刘备三顾茅庐，诚访诸葛亮，才获得孔明出山辅佐。马云从商十几年大致经历了四次创业，一是开海博翻译社，二是办中国黄页，三是创阿里巴巴，四是搞菜鸟网络。马云擅于从失败中吸取教训，不断反思，寻求突破，他的每一次创业都是对前一次成功的“否定和消灭”。

要么追逐梦想，要么沦为泥巴

你生来就不是豪门，没有王子公主的命就别学只有王子公主才能得的病。人家有时间、金钱去仰望天空、去抑郁彷徨，你没有，你必须奋斗，你生来就背负着家庭、生活的重担！别把时间都浪费在埋怨、牢骚上，没有人对不起你；别把自己看得跟故事里的男女主角似的，人家天生漂亮、天性善良，你呢，你能够给自己的优势就是能力，然而，如果你一味颓废，就连这最后的机会都会丧失，成为一无是处的废物！

所以，从今天起要么努力追逐梦想，要么就做别人脚底的泥巴。云泥之别，不过如此。千万别堕落，你没资格！你需要看清，你的失败究竟是因为没有伯乐还是你自己没有能力！

——2011年6月马云激励公司员工

1978年，改革开放的春风沐浴着神州大地，全国发展经济的巨大潜能喷薄欲出，中国的命运正发生着巨大转折。在时代大变迁的背景下，孩子们的思想也在悄悄地改变。

一天，一个十几岁的孩子攥着皱巴巴的六毛多钱来到商店面前，他指指收音机说："我要这个。"店老板反问："你要这个干吗？"孩子说："我要听英文广播，我要学英语。"店老板瞠目结舌。此时国家刚刚改革开放，他觉得一个十几岁孩子就要开始学习英语，简直是一件稀奇古怪的事。

学英语，不给中国人丢脸

那个孩子买回收音机后，每天都用它来听英文广播，并跟着广播念英文，坚持了好几年。这个孩子之所以这么喜欢学英语，离不开学校老师的启蒙教育。

在这个孩子念初中时，有一位地理老师说："同学们，学好英语用处可大了。有一次，老师在西湖边游玩，有几个外国人问我一些中国地理知识，幸好我的英语很好，于是对答如流。所以，你们不仅要学好地理，更要学好英语，要不然当有外国人问起你的时候，你答不上来，就会给中国人丢脸。"

这个孩子听后，暗下决心一定要学好英语。可是，老师不可能像专业外教那样教他，他的父母不知ABC是何物更不可能教他，他只能通过自学成才了。于是，他省吃俭用了好几个月才买了一部半导体收音机。

很快，这个孩子认识到光听收音机是学不好英语的，还要大胆与老外对话才行。当时杭州老外最多的地方，要属香格里拉酒店。为了获得与老外直接对话的机会，这个孩子每天清晨5点钟就出门，然后骑车1个小时左右来到香格里拉酒店门口，专门等着那些白皮肤、蓝眼睛的外国人。

经过几天的"守株待兔"，这个孩子终于等到了一个老外。这个孩子推着自行车迅速上前用英语问："要不要免费导游？"老外说："谢天谢地，我最喜欢免费导游了。"孩子回答："请坐上来。"老外问："就坐这个自行车吗？"孩子回答："这样才好玩呀。"于是，老外十分高兴地坐到自行车的后座，那个孩子就"咯吱咯吱"踩起自行车带着老外绕着西湖走，并用稚气的英语不停地介绍着西湖景点，像什么雷峰塔、苏堤、白堤、断桥等。老外也不断地向孩子提一些问题。

在那个充满梦幻的清晨，时值晨光熹微，湖面花雾如烟，岸边的碧桃翠柳间飞驰着一辆锈迹斑驳的自行车。车上两人，一小一大，一前一后，一中一洋，一问一答。随着自行车前进的方向，一幅巨大的童话般朦胧的水彩画不断向前延伸……

第二年，那个老外又来到杭州入住香格里拉酒店。当他清晨起来时，又看见门口站着去年见过的那个小男孩。老外感到很奇怪：那个孩子带自己游西湖的情景，仍然历历在目，难道他是上帝派来的导游吗？

第三年，那个老外依然来到杭州入住香格里拉酒店。清晨起来，他还发现那个男孩在原来那个地方。老外不觉大惊：“你叫什么名字，你怎么还在这里？你将来一定很有出息！” “丁零零——”那个孩子兴奋地按着车铃铛说：“我的名字叫马云！”

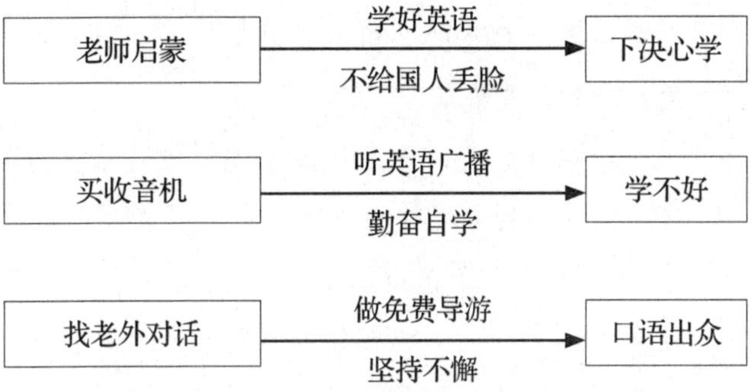

马云学英语

中学时代的马云怀着不给中国人丢脸的愿望，苦学英语。他听广播学英语、找老外练口语，最终凭借超人的毅力使自己的英语变得非常棒。在马云身上我们看到，人们只有坚持不懈地训练才能获得个人能力和技艺的提高。如果马云没有坚持长期与老外直接交流，没有把书本所学的知识运用到实践中，就不可能成为英语演讲高手。

2011年9月30日，马云在美国斯坦福大学用流利的英语进行演讲，他观点犀利、发音纯正。其实，很多人只看他人成功的璀璨瞬间，却忽略了他人艰苦训练的过程。正如马云所说，要改变自己的人生，坚持努力最重要。你生来就不是豪门，你的优势就是能力。能力从哪里来？只有不停地奋斗。要么努力追逐梦想，要么沦为别人脚底的泥巴！

像水泥一样把优秀的人才黏合起来

我是个非常幸运的人。在我身陷困境的时候，总能遇到好人。这一切都缘于人际关系，靠友谊，靠合作伙伴关系。没有团队就没有阿里巴巴。而没有我的话，还会有另一个阿里巴巴。

我希望自己的公司不是农场，而是动物园，有各种各样的动物和谐相处。

我在公司里的作用就像水泥，把许多优秀的人才黏合起来，使他们的力气往一个地方使。

我没有关系，也没有钱，我是凭着扎扎实实的努力，逐渐走向成功的。我相信关系特别不可靠，也不能凭关系，做生意不能凭小聪明，做生意最重要的是你明白客户需要什么，实实在在地创造价值，坚持下去。

——2007年马云在央视《赢在中国》节目中的讲话

1992年，一天夜里，“杭州英语俱乐部”夜校里灯火通明，教室上面几只飞蛾环绕着灯管不停地打转着，在生命的最后时光里它们仍孜孜不倦、周而复始地寻找光明。教室下面是一群来“恶补”外贸英语的学生和一位面容清癯的英语老师。

夜校中的“兼职老师”

那老师身着白衬衣、黑裤子，头发梳得一尘不染，酷若著名诗人徐志摩。他游走在学生当中，一张铁嘴滔滔不绝地讲着全英语课程；而那两只手臂则配合着纵横飞舞。他那双深邃硕大的眼睛，只有在科幻片中外星人的脸上才能找到。他不停地打量台下学生的反应，并投以温暖的眼光鼓励他们开口说英语与自己进行互动交流。

学生们看着眼前这位有着拿破仑式矮实匀称的身材和齐天大圣般灵动有趣的造型，都被深深地吸引了。在这群学生当中，有一个学生学习特别用功，又特别崇拜这个英语老师，很快就引起了老师的注意和赏识。这个学生叫陈伟，而这个老师就是优秀青年教师马云。

马云为什么要办夜校呢？这里有一段故事。1988年，马云从杭州师范学院毕业后，就被分配到杭州电子工业学院教授英语与国际贸易专业。由于马云采用全英文、开放互动探讨式教学，深受广大学生的爱戴。当时，国家改革开放已过去10个年头，很多老师纷纷停薪留职，下海创业。

杭州师范学院的院长担心马云禁不住商海诱惑“以身试海”，就特意找来马云。院长说：“马云老师，虽然做教师是清贫一点，但你代表着杭州师范学院，你可一定要坚守教师的岗位哟，至少要在杭州电子工业学院干5年，坚决不能动摇，要给其他人做好榜样！我要和你打这个赌，看谁能赢。”当时，马云不置可否，但很快他就选择了折中的解决办法。

马云做了几年教师后，他的英语水平已炉火纯青，堪称“杭州英语第一人”。很多人都想找马云合作创办英语辅导夜校，但是，马云考虑到杭州师范学院院长的嘱托，并没有直接离职去办夜校，而是执行“事业和职业”双轨并行的折中办法。那就是白天在杭州电子工业学院教学生外贸英语，晚上就到“杭州英语俱乐部”做兼职老师。这样一来，马云只是利用自己的业余时间做点自己喜欢的事，所以别人也不会说三道四。

先朋友后同事

1992年，马云创办“杭州英语俱乐部”夜校。1995年，该校因为体制问题解散。在这段时间里，马云的最大快乐和收获，就是自己结识了各行各业的外贸人士，结交了很多有才华有抱负的学生朋友。马云也是在这个时期认识陈伟的，此后20多年来他们一直是朋友。

马云和陈伟熟识之后，经常一起在杭州的大排档里吃饭、喝酒、聊天，他俩的师生关系迅速升级为朋友关系。2008年，陈伟的祖母去世了，一时间他的情绪十分低落。不久后，马云打电话叫陈伟到他的家中叙旧。马云说：“我们相识有十几年了，你是我最得意的学生，你的能力我最放心，你以后就做我的助理吧。”当时，马云已经创办了阿里巴巴、淘宝网、支付宝等电商平台，成了IT界叱咤风云的人物。陈伟十分感谢马云的知遇之恩，马上就点头同意了。

随后，陈伟成了马云的助理，他像陀螺一样进行着紧张忙碌而幸福无比的工作。一年到头，陈伟最重要的工作就是陪着马云到各地去参加各种演讲活动和商业行为。此外，陈伟还负责接收和查阅所有给马云的来信，接听陌生人的来电，或接待世界各地慕名而至的“不速之客”。

在马云卸任阿里巴巴CEO后，陈伟为马云著书立说，忠实记录马云在特定历史关头做出的无数个睿智的抉择。

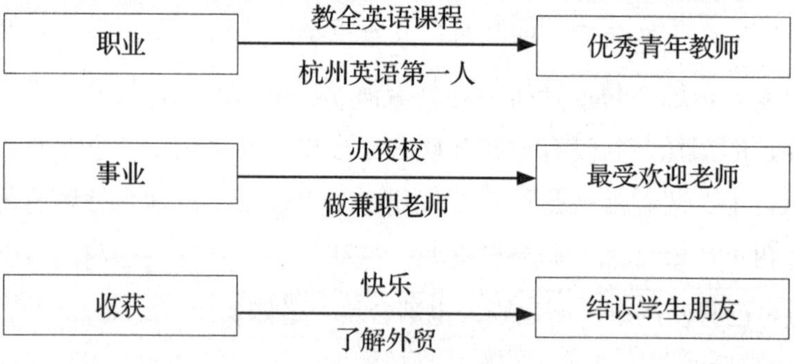

马云兼职办夜校

只有给予和付出，才能享受快乐人生。从商十几年来，马云体验到了最完美的快乐，就是给朋友、亲戚、同事们带去幸福感！在做老师的时候，马云凭借着过硬的教学水平，给学校的学生和夜校的外贸朋友们带去了全所未有的全英文互动课程，让他们感到了幸福。

在2008年金融危机期间，马云工作很忙，于是他又找来自己夜校的学生做助理，让助理从事忙碌而幸福的工作，让其体验到“IT风云人物”称号背后真实、烦琐的工作状态。归根到底，马云的成功离不开人际关系的处理技巧，他的处理核心，就是清楚朋友、客户需要什么，然后给以满足与惊喜，这样才能获得纯真的友谊和长久的快乐。

尊崇企业家精神和创新精神

中小企业自身更需要发扬企业家精神，拥有理想，力争向上，大力开拓创新，加快结构调整，中国就有望成为世界经济力量的主导。

我们的每一次创新，换句话说，都是为了活下去，然后"被"形势所迫，越搞越大。所以今天告诉大家，绝不是因为我们很聪明，看到了未来怎么做，而是我们看到了市场需求。我们自己有这个压力，我们必须渡过这些难关。

碰到灾难时第一个想到的是你的客户，第二个想到的是你的员工，最后才是对手。

我荣幸我是一个商人。今天人类已经进入了商业社会，但是很遗憾，这个世界商人没有得到他们应该得到的尊重。商人在这个时代已经不是唯利是图的时代，我想我们跟任何一个职业，任何一个艺术家、教育家、政治家一样，我们在尽自己最大的努力，去完善这个社会。

——2013月5月10日马云卸任阿里巴巴集团CEO时的演讲

"咳咳——"，在广州一辆公交车上，有人无意中咳了两声，周围原本挤得水泄不通的人群马上惊慌失色地退开2米多远，让咳嗽之人奢享难得的"自由空间"。这就是2003年"非典"（SARS）时期，陷入全民恐慌的真实写照。

2003年3月初，马云就听说广州"非典"闹得人心惶惶，一经发现马上被隔离。可是，自己已经答应客户要派人去广交会参加跨国采购电子商务活动。当时，很多人都不同意派员工过去“赌命”。马云经过认真思考，认为客户第一，还是决定派员工过去。很快，阿里巴巴的一位女员工临危受命，在4月15日到达广州参加了广交会。

2003年4月18日那员工从广交会回来，19日就到阿里巴巴报到。为了预防万一，马云让她回家休息10天。紧接着，她有点发烧，阿里巴巴公司的员工马上悬起心来。马云让她去医院看病。她先后去看了3次，医生都说她不属于“非典”。这时，马云和同事们才松了一口气。

非常时期的“非常考察”

2003年4月30日上午，时任杭州市市长的茅临生率领考察团考察了阿里巴巴公司。当时，茅市长询问马云：“‘非典’发生以后对你们公司业务有什么影响没有？”马云说：“互联网有其特殊的优势，买卖双方不用见面也能做成生意，业务影响不是很大。”

茅市长又问马云：“那么在当前的情况下如何利用电子商务帮助企业走出困境，渡过难关呢？”马云说：“非常时期，我们要做好阿里巴巴平台运营，让很多中小企业尝试运用电子商务开启新的业务模式。”

最后，茅市长又说：“‘非典’对贸易造成了很大的影响，企业想要摆脱困境，渡过难关，电子商务无疑是首选的途径。”

杭州市市长率团考察阿里巴巴，让马云喜出望外，因为很多当地媒体通过这一事件从正面的角度对阿里巴巴电商平台的优势进行了大规模宣传报道。有媒体还宣传说阿里巴巴平台可以通过网络达到远距离交易的完成，在有大规模传染性疾病发生的时候，电子商务可以起到帮助贸易正常进行的作用。

然而，让所有人都没有想到的是，就在杭州市市长对阿里巴巴的考察结束后几天，阿里巴巴公司就出现了确诊的“非典”病例。

在2003年“五一”放假的时候，难得清闲的马云突然接到医院打来的电话，说那位从广州回来的员工是疑似病例，马云顿感有如五雷轰顶，浑身电麻、差点瘫倒。2003年1月到5月，杭州总共出现了四例“非典”病例，没想到第四例就是阿里巴巴的员工。

一时间，谣言四起，媒体马上反戈相向，群起攻击马云和他的公司，向阿里巴巴施加压力讨要真相和说法，阿里巴巴的内部员工也人人自危，全部乱了阵脚！

“非典”的可怕之处，就是它具有极强的传染性，其病毒进入空气后会迅速扩散传播，病人先是发烧、咳嗽，5天左右就会气短身亡。

因为出现“非典”病例，在媒体的轮番跟踪报道中，阿里巴巴的知名度确实提高了不少。当时，每一个杭州人，无论老人还是小孩都知道了阿里巴巴这个电商平台的名字。不过，当时的杭州人知道阿里巴巴不是因为它有网上贸易的优势，而是因为阿里巴巴出了“非典”病例，要记住它、远离它，以免被传染。

当时，阿里巴巴的员工也是忧心忡忡，根本不敢说自己在阿里巴巴上班，要不然人们就像见到了死神一样恐惧、逃避。街坊只要看见有人从阿里巴巴走出来，就在远处指指点点地说：“大家小心呀，‘非典’来了。”

有人说马云利用“非典”事件让阿里巴巴“声名鹊起”，其实他们不知道马云承受了多大压力。这情形如同一对新婚夫妇在婚检时，有一方被确诊为艾滋病，随后令人窒息的压力接踵而至：婚礼要不要进行、生活要不要继续。在危机面前，有人自暴自弃，有人奋起搏击。马云就是奋起搏击的那类人。马云通过办公创新，从集体办公转变为在家办公的“SOHO一族”，结果，挽救了阿里巴巴，帮助大批中小企业渡过难关。其实，企业创新的最终目标，还是让企业活下去。正如马云所说，每一次创新，都是为了活下去，然后被形势所迫，越搞越大。

全员隔离，业务不断

出了“非典”病例后，面对社会舆论压力，杭州政府很快宣布阿里巴巴全部接受隔离，市长和他的随行人员也被要求隔离。这时，一个艰难的抉择摆在马云的面前：辩解还是不辩解？业务继续进行还是不进行？最后，马云选择接受隔离、不辩解、业务继续进行！

2003年5月7日上午，马云召集员工说明接受隔离的决定，他说："这个时候我们必须首先承担一个企业的责任，网站不能停，客户不能受损失，也不能给杭州的老百姓带来更大的威胁，那就需要我们自己来约束自己的行为。"

2003年5月7日下午阿里巴巴的500多名员工开始大规模收拾东西，把电话、电脑、传真机打包回家，自行隔离、在家办公。他们每天顶着巨大的压力从早上8点到晚上全部在网上完成工作。

不过，最惨的就是公司的主要负责人马云了。他被隔离在家后，每天都通过电子邮件与员工交流，不断激励员工战胜困难。马云说："那时很惨，500多个员工分散在500多户人家里。我自己也被隔离在家，要盘算着怎么处理跟病人的关系，跟500多户员工家庭的关系，跟政府的关系，跟社区的关系，人都快要崩溃了。在关键时刻，员工的韧劲和敬业精神让我们渡过了难关。"

为什么在"非典"时期要派员工去广州惹祸呢？面对外界的质疑和指责，马云在2003年5月7日给阿里巴巴员工们写了一封道歉信。

马云说："阿里巴巴存在很多不足之处和漏洞，很多问题我们会在灾难后认真反省！作为公司负责人，我很想承担所有的责任，如果可以的话。但理智告诉我，今天还不到指责埋怨的时候！今天我需要和大家一起共渡难关，迎接挑战！一家由年轻人组成的年轻公司，经过这次磨砺我们会成熟得很快！

"这几天令我感动的是，面对挑战，所有阿里人选择了乐观坚强的态度，我们互相关心，互相支持。在共同面对'非典'挑战的同时，我们没有忘记阿里人的使命和职责！因为灾难总会过去，而生活仍将继续，与灾难抗争并不能停止我们继续为自己钟爱的事业奋斗！"

接下来的日子十分难熬，真是度日如年。

经过12天的隔离后，阿里巴巴并没有新增"非典"病例，杭州政府随即宣布解除对阿里巴巴和市长一行人的隔离控制。至此，谣言不攻自破，媒体又纷纷出来澄清事实。

2003年5月19日阿里巴巴全体员工正式恢复上班，大家兴高采烈，像死而复生一样开心。在马云的有效管理下，“非典”期间，阿里巴巴的网站没有停止运营，依然焕发出勃勃生机。

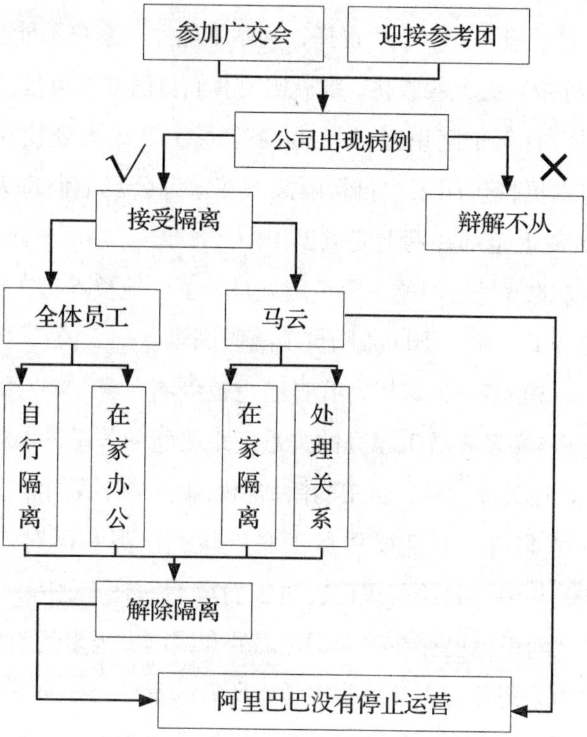

“非典”中的阿里巴巴

“非典”期间，一嘴一口罩，人们根本不敢近距离接触和面对面交流，但是生意总不能停滞不前吧，这给互联网电商平台带来了前所未有的发展机会。有很多从未触网的中小企业就是在那个时期才开启网上贸易活动的。马云完全可以提高阿里巴巴平台的各项费用，大捞一把，但是马云没有这么做。“非典”期间，阿里巴巴的诚信通业务并没有提价，也没有降低服务标准，最终培养了一大批忠诚客户。可见，马云是一位尊崇企业家精神和创新精神的商人，他坚信唯利是图不利于企业的持续经营，商人要做的就是尽自己最大的努力去完善这个社会。

生存下来是为了做好而不是做大

必须先去了解市场和客户的需求，然后再去找相关的技术解决方案。这样，成功的可能性才会更大。生存下来的第一个想法是做好，而不是做大。淘宝网的主业决不该放在与对手的竞争上，而应把眼睛盯在提升客户体验上。

把大公司拆成小公司运营，我们给市场和竞争者更多挑战我们的机会，同样是给我们自己机会。我们永远坚持，各事业部以客户和用户利益最大化为目标，因为只有他们的利益最大化，才可能有我们自己的利益和存在的价值。

这次拆分，我们希望组织结构松而不散，汇报给谁以及权力有多大不重要，但人和事、热爱和责任、信任和协同显得越来越重要。我们希望阿里人一起努力把它们个个变成小而美，对生态发展有重大作用的群体。

——2011年6月马云给员工的内部邮件

2011年4月初，来自北方的阵阵冷风吹皱了杭州的一湖春水。在京东商城获得15亿美元的融资后，随后就有人在微博中透露，京东商城的投资者还包括百度的CEO李彦宏。这一举动旋即引起马云的注意，中国搜索引擎巨擘百度投资B2C电商平台，对传统B2B、C2C电商平台将是一个新挑战。

三分淘宝

面对IT市场风云骤变，马云立即召集其他董事商量，说明了客户需求的变化和市场的新动向，并提出淘宝网的拆分计划。很快，马云就获得了董事会成员的绝对支持。

2011年6月16日，阿里巴巴对外宣布，旗下的淘宝网分拆为三个独立的公司，分别是：淘宝网、淘宝商城和一淘网。在拆分之前，经过8年发展的淘宝网“居功至伟”，2011年交易额突破6000多亿元，占中国网购市场约80%的份额。虽然淘宝网取得如此辉煌的战绩，仍无法阻止被马云拆分的命运。马云对淘宝网的拆分可以说是“稳中有变”，稳就是淘宝网沿袭原有C2C业务，变就是新增两家公司，一个是平台型B2C电子商务服务商淘宝商城，另一个是一站式购物搜索引擎一淘网。

马云说：“近两年来，互联网在搜索、社区化平台和电子商务领域里发生了格局性的变化。我们必须变化，我们必须在变化之前变化。今天的拆分看起来似乎令淘宝网失去规模优势，从‘有’变成了‘无’，但这是无处不在的‘无’。”

从“有”到“无”

这次淘宝网一拆为三，不是按照业务而拆，而是根据客户需求和客户属性而拆。淘宝网主要服务小企业，淘宝商城主要服务品牌商，而一淘网服务所有商家、产业链和消费者。三家公司既有合作又有竞争。

一家公司分成三家子公司，如何进行管理呢？睿智的马云采用总裁加董事长的机制运营，安排好了管理矩阵，而自己主抓客户体验。

在新的架构中，一淘网的管理团队由总裁吴泳铭负责，向一淘网董事长彭蕾汇报；淘宝网的管理团队由总裁姜鹏负责，向淘宝网董事长陆兆禧汇报；淘宝商城的管理团队由总裁张勇负责，向淘宝商城董事长曾鸣汇报。三家公司共享的技术和公共服务的大平台由戴珊负责，向阿里巴巴集团董事局主席马云汇报。

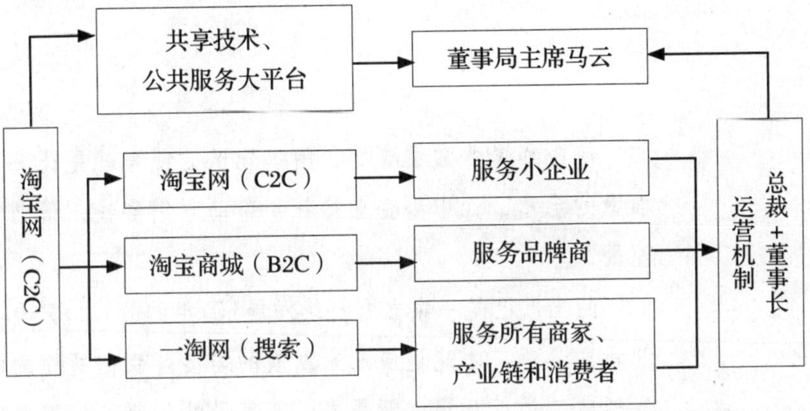

马云三分淘宝

拆分之后，淘宝网的原有业务没有受到任何影响，同时两家新成立的公司在新的领域获得了迅猛发展。

马云三分淘宝，主要是根据市场环境的变化和客户的需求进行业务细分，并不针对任何对手，因为马云坚信自己“拿着望远镜也找不到对手”。马云将C2C电商平台拆分为C2C、B2C和搜索平台，表面上看是失去规模优势，但实际上把大公司拆分为“小而美”的公司更有利于服务客户，更容易生存下来。

因为生存的要义在于做好，而不是做大。马云推崇“小而美”的公司，与日本“经营之圣”松下幸之助的“阿米巴”经营模式不谋而合。松下幸之助经常会化整为零，把公司细分成所谓“阿米巴”的小公司，参与内部竞争与外部竞争，以激发公司意想不到的发展潜能。这次马云三分淘宝，除了共享的技术和公共服务的大平台外，在其他业务方面均实现市场化，通过优胜劣汰的竞争方式，持续满足客户多样化需求，确保客户利益最大化。

让天下没有难做的生意

使命感是非常重要的，阿里巴巴的使命就是让天下没有难做的生意，让中小企业挣钱，帮助它们省钱，帮助它们管理员工。

阿里巴巴是一家立志持续发展102年的公司，只有不断地创新和变革，才能适应未来发展的需要。我们所处的电子商务领域，是近几年创新最多、变革最快的行业。阿里巴巴过去的十几年是通过帮助中国中小企业获取商业机会、走向海外市场而成长发展起来的。但随着互联网技术的快速发展特别是近几年经济形势的变化，简单地利用互联网解决信息的不对称已经不能满足小企业对电子商务发展的需求。

成长的过程是要付出代价的，人生如此，企业也是一样。过去的困难没有难倒我们，今天我们同样会一直坚持我们“让天下没有难做的生意”的使命，坚持阿里巴巴的价值观，不断地调整自己去适应未来。

——2012年3月马云致股东的公开信

2001年信息化的大潮像飓风一样席卷各行各业。截至2000年底，中国上网人数突破2250万人，18～24岁的年轻人占总数的41.18%。年轻人上门户和社区类网站居多，而上商贸网站的比较少，导致阿里巴巴的经营陷入窘境。

连年亏损，问路于克林顿

1999～2001年，阿里巴巴创立后就入不敷出，公司危若累卵，很多员工纷纷跳槽到门户、社区类网站，整个公司一片愁云惨雾、哀乐四起……

为此，马云也郁闷了几个月，自己像“一个骑在盲虎身上的盲人”一样走一步算一步，也不知道阿里巴巴将走向何方。

2001年初，马云去美国纽约参加商务活动，有幸参加了克林顿夫妇的早餐会。

席间马云问克林顿：“总统先生，中国的新浪、搜狐、网易比我们幸运多了，它们可以模仿美国的雅虎，但是阿里巴巴B2B是我们自己想出来的。阿里巴巴到底该往哪个方向去呢？”

克林顿总统放下餐具，笑着对马云说：“在全世界中，美国无论是经济还是政治、军事都是一流的，没有什么可以模仿和借鉴的对象。那么美国应该怎么走？作为美国总统该把这个国家带往哪儿？依靠什么力量引导美国前进呢？答案很简单，是使命感引导美国向前走。”

克林顿总统高屋建瓴的言论，醍醐灌顶，让马云茅塞顿开。很显然，马云已经得到答案，很多中国的互联网公司可以模仿雅虎、亚马逊，但是在中国发展B2B没有先例，阿里巴巴能去模仿谁？唯有跟着使命感走！

在IT世界，概念根本卖不了钱，唯有不断烧钱和“苦逼”式坚守。阿里巴巴的名字虽然很响亮，B2B的概念虽然很绝美，但是仍不能改变阿里巴巴亏损的状态。当时阿里巴巴亏损的原因主要有两点：一是市场上供大于求，阿里巴巴网上的求购信息十分稀缺，网站的黏合度较差。二是网上免费注册会员在取得客户联系方式后，往往会丢开网络平台商，在线下完成真正的交易，让阿里巴巴收不到钱。更要命的是，在亏损的残酷现实面前，阿里巴巴发展方向开始模糊，正如一艘没有方向的船，什么风都不是顺风。

在困难面前，马云曾经苦闷过、彷徨过，但身为商人的马云并没有轻言放弃，也没有被眼前的困难吓倒，而是出国取经，虚心向国家级政界人士请教问题。阅历丰富的克林顿总统，一语道破美国的发展是使命感所驱使，那使命感就是富于创新、勇于拼搏的美国精神，正如海明威所言“一个人可以被毁灭，但不可以被打败”。可以说，没有使命感的国家难以产生大的影响力，而没有使命感的企业最终会被市场所淘汰。

因为使命感，所以舍我其谁

马云回国后，迅速确立了阿里巴巴的使命感，那就是“让天下没有难做的生意”——帮助中小企业，让它们挣钱，帮助它们省钱，帮助它们管理员工。

2001年1月10日，马云请来在GE工作了16年的关明生作为首席运营官。当时52岁的关明生既懂企业管理又精通产品销售，是难得的将才。

在阿里巴巴创业初期，马云开不出什么优厚的待遇，但在马云个人魅力和使命感的召唤下，最终让关明生什么都不要了，带着满腔的热血来到了阿里巴巴。在关明生的协助下，这一年马云带领阿里巴巴全体员工做了三件大事：一是“延安整风运动”，二是“抗日军政大学”，三是“南泥湾开荒”。

“整风”期间，马云告诉员工：“我们的使命感是让天下没有难做的生意。如果认为我们是疯子请你离开，如果你专等上市请你离开，如果你带着不利于公司的个人目的请你离开，如果你心浮气躁请你离开。”至此，阿里巴巴内部浮躁之风被强行遏制住了，公司上下重新呈现出务实敬业、奋斗到底的精神面貌。

在阿里巴巴使命感的指导下，马云推出了很多创新举作，让国内很多互联网公司望尘莫及：

为了扭转阿里巴巴亏损的状况，2001年5月30日马云推出特选买家计划，即邀请大品牌企业到阿里巴巴采购商品。很快，网上的采购信息多了起来，不断吸引商家注册。

为了解决交易中的信任问题，2001年9月10日马云又推出诚信通服务，即通过第三方机构权威认证，帮助B2B中小企业买卖双方建立互信。

这些革新措施很快就获得了回报，截至2001年底，阿里巴巴会员数突破100万，阿里巴巴扭亏为盈，实现盈利。

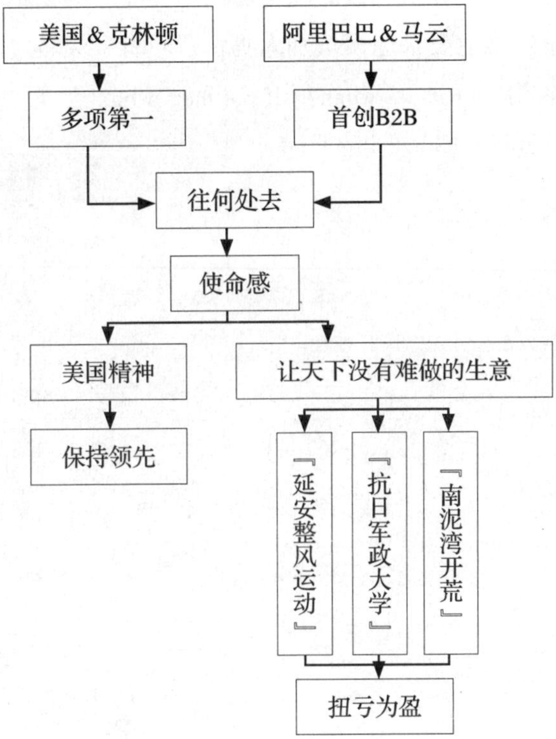

马云推出的革新措施

使命感的作用

哀莫大于心死。当企业陷入绝境的时候，貌似虚无缥缈的使命感、价值观反倒起到振奋人心的作用。爱迪生的使命是让全世界亮起来，迪士尼公司的使命是让世界快乐起来，而阿里巴巴的使命感是让天下没有难做的生意。阿里巴巴的“六脉神剑”价值观就是客户第一、团队合作、拥抱变化、诚信、激情、敬业。

马云在中国开创B2B电商平台阿里巴巴，是空前首创的，没有什么参照物。唯有在使命感的指引下，不断地创新和变革，不怕挫折，才能适应未来发展的需要。可以说，如果马云的阿里巴巴不奋斗、不创新，那么中国互联网的希望在哪里？难道要永远模仿别人吗？自救者，天救之。正如马云的英文口头禅所说："If not now，when？ If not me，who？"（"如果不是现在，是何时？如果不是我，那又是谁？"）

小公司的战略就是：活下来，挣钱

小公司的战略就是几个字：活下来，挣钱。

我觉得打败对手绝对不是战略。谈到战略的时候，你要很清晰地说，你想做什么，你该做什么，怎么做，你对手的情况怎么样，你能够半分钟把它讲清楚。你只要讲得很清楚，让投资者知道你在干什么，这就可以了。你刚才讲了几点，你的目标，你的对手，但是我想提醒的是：对手不是战略，不要因为对手去制定战略。

战略有很多意义，小公司的战略简单一点，就是活着，活着最重要。

——2007年马云在央视《赢在中国》节目中的讲话

“在路上／用我心灵的呼声／在路上／只为伴着我的人／在路上／是我生命的远行／在路上／只为温暖我的人……”2007年当《赢在中国》的主题曲再次奏起时，无数个正在创业或谋划创业的人，有的泪流满面，有的扼腕抵掌，有的若有所思……

“在路上”的创业青年

很快，“在路上”的青年邵长青来到了2007年《赢在中国》第一赛季晋级篇第二场的参赛现场。此次，他不是要赢得1000万的创业基金，而是渴望与马云直接对话的机会。

在熊晓鸽、吴鹰、马云等评委面前，邵长青开始快速阐述自己的参赛项目："我们建立跨行业跨地区通用理财积分交换管理软件系统及数据库系统，以打造联合营销平台。在掌握大量的消费者数据和消费行为数据时，联合加盟商户开展各种专门的营销活动，并协助商家培养客户忠诚度……"

听后，马云喜上眉梢，就对邵长青说："你讲了性格决定命运，也讲了战略决定格局，你能用半分钟时间解释一下你公司的战略吗？"

邵长青思考了一下说："我公司的战略，首先是我公司的目标——我公司要成为中产阶级生活理财第一忠实伙伴，这是我们的使命。我们的两大杀手锏是终端运营系统和高度创新营销服务体系。如果要讲战略，因为涉及商业秘密，我只能讲如何打败竞争对手，可以吗？"

马云微笑着说："好，可以。"

小公司的战略

邵长青说："在我们做的生活理财这个行业，现在有两家比较强势的竞争对手。我相信我们能打败第一家竞争对手。因为它没有客户，主要依赖于别人的信用卡商户资源。我们关注目标客户，所以我们能成功。

"第二家竞争对手，虽然它关注了客户，但它的目标群不够大，更麻烦的是它选择的载体无法装载其全部目标客户，所以它不可能成功。我们可以利用我们的终端运营平台和高端创新的服务体系去打败它，这是我们的强项。"

马云将信将疑地说："我刚才问你的是战略，但是你讲了几个战略，我觉得很好奇。其实，小公司的战略就是几个字：活下来，挣钱。我觉得，你刚才所说的打败一个又一个对手，那绝对不是战略。

"以后，你在讲战略的时候，你要很清晰地说，你想做什么，你该做什么，怎么做，你的主要对手是什么情况。你能够用半分钟把它讲清楚，让投资者知道你在干什么，这就可以了。

“你刚才讲了几点都很好，说出了你的目标、你的对手。但是我觉得，你更多的是提醒你的对手，而不是讲你们公司的战略，千万不要因为对手去制定战略。”

经营企业最忌好大喜功，贪功者每每制定战略，要么是天马行空、不着边际，要么是仇字当头，把竞争对手斩草除根才罢休。其实，战略不是战争，不是要拼个你死我活，到处抢夺客户和发展资源。小公司的战略，要从小处出发，活着最重要。正如马云所说的那样，小公司的战略就是活下来，只有活下来，下一步才能考虑挣钱的事。

每个时代都有一批有志青年，他们不安于现状、跃跃欲试，纷纷走在路上。不论创业者的动机是什么，既然选择了“在路上”，在制定战略时就要对自己负责，对别人负责，想办法让企业活长活久，不能半途而废，更不能仇视对手。很多时候，一个对手，胜过三个商学院。

游戏不能改变中国

我不会在网络游戏上投一分钱，我不想看到我的儿子在我做的游戏里出不来！游戏不能改变中国的现状。所以我不做游戏，饿死也不做游戏。

我们坚定地认为游戏不能改变中国，中国本来就是独生子女家庭，孩子们都玩游戏的话，国家将来怎么办？所以游戏我们一分钱也不投。人家投，我们鼓掌，但我们不做，这是我们的一个原则。

——2010年6月马云向国家领导人做的汇报

2008年，地产不济、股市不扬、百业衰败，由美国次贷危机诱发的金融风暴让全球经济每况愈下。与此形成鲜明对比的是，中国网络游戏行业却“大放异彩”，形形色色的网游产品像病毒一样日夜活跃于各类互联网页面中。它们或是重现刀光剑影的江湖世界，或是诱人练功修仙以填补内心的空虚，或是钻网监的空子，很黄很暴力，想让玩家“娱乐至死”！

饿死也不做游戏

当年，巨人、盛大、九城、网易、搜狐等多家网游公司纷纷开发自己的网游产品，玩网游的用户越来越多，很多孩子也深陷其中，不能自拔。

这时，富有正义感的马云站出来说：“如果我的孩子在玩游戏的话，一定要对他进行限制。因为游戏不能改变中国的现状。所以我不做游戏，饿死也不做游戏。”

2008年11月，国家推出首部《网络成瘾临床诊断标准》，将网络成瘾分为网络游戏成瘾、网络色情成瘾、网络关系成瘾、网络信息成瘾、网络交易成瘾五类。在这五类中，前两类的危害最大。

马云认为网络游戏害人不浅，自己作为一位富有社会责任感的商人，绝对不能制造一些网络产品来毒害下一代。企业家如果发现自己的孩子玩游戏，都有义务、有责任限制他们玩游戏，否则国将危矣。

网瘾企业家的醒悟

马云之所以这么痛恨网络游戏，是因为有的企业家也沉溺其中，彻底丧失了对网络游戏的“免疫力”。

2008年的一天早上，马云见自己的妹夫睡眼惺忪、呵欠连天，还以为他昨晚在公司通宵加班，就问他：“你昨晚忙到几点？”

没想到，妹夫使劲张开眼角说：“我昨晚跟你妹妹玩游戏玩到今天早上3点半，你妹妹去洗漱的时候，我又偷偷地玩了半个小时。”

听到这个回答，马云吓了一大跳。马云的妹夫是一位很能干的小企业家，很早就在马云创办的阿里巴巴平台上注册成为企业会员。像他这样一个成年人、商人，既精明又懂得时间管理的人，理应不会玩网络游戏成瘾吧。可是万万没有想到的是，他居然控制不住自己，一玩起网络游戏，就玩得天昏地暗、一塌糊涂。

马云对他说：“在网络游戏面前，你的自控能力怎么这么脆弱呀？”

妹夫无奈地说：“我也不知道为什么这样，玩着玩着就上瘾了。”

马云心想：网络游戏铺天盖地，成人都管不住自己，更何况是我们的孩子呢。

马云又对他说：“我不希望我儿子玩游戏，如果中国孩子都玩游戏，中国就没有前途可言了。而且通过分析我发现在全世界时间不值钱的国家里游戏是最畅销的。你看，全世界最先进的游戏国家是哪些？美国、韩国、日本，但是这些国家永远不鼓励国人玩游戏，游戏多用来出口。你明白其中的原因吧？”

妹夫如梦初醒地说：“哦，原来这样。以后我不玩了，要给孩子做个好榜样！”

在马云看来，网络游戏的发展如火如荼，要想引导其走向健康之路，只能像大禹治水那样采用疏而不堵的策略。2014年1月8日，阿里巴巴高调宣布，将进军游戏业并推出自己的手游平台。对于单机版游戏，阿里巴巴提供一年的免费平台服务；对于联合运营的游戏，阿里巴巴采用7：2：1的分成模式，游戏开发者获得70%的收益，阿里巴巴仅拿20%的收益用作平台运营成本和用户激励，剩余10%将用于支持农村孩子的教育发展。

因为几年前马云曾放言饿死也不做游戏，所以此消息一出，外界人士纷纷指责马云食言逐利。其实，多年来中国游戏产业无序发展，已是良莠混杂、病入膏肓，没有哪一家公司敢站出来要将游戏商品引上正途。现在，马云的阿里巴巴站出来了，而且马云不是直接开发网络游戏与游戏开发商为敌，而是像当年创办阿里巴巴一样搭建开放性平台，并试图通过创新的运营机制，为游戏产业发展创造一个健康的生态环境。

由此可见，阿里巴巴重赏游戏开发者，就是希望国内游戏企业能自主开发本土游戏，慢慢扭转国内游戏靠进口的局势，同时也解决国内农村孩子教育的经费问题。马云通过手游平台，趋利避害，利用游戏产业反哺教育产业，也算是为备受诟病的网络游戏“正名、赎身”了。现在有很多人看不起、看不明马云的超前布局，然而，唯有时间才能证明一切。

第2章

创业，怎么做

从零开始创业的秘诀

创 业

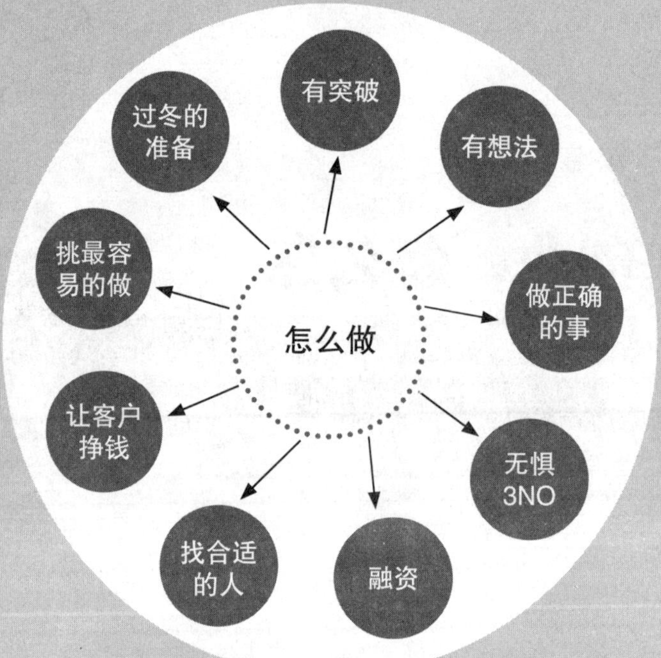

做任何事，必须要有突破

做任何事，必须要有突破。没有突破，就等于没做。

一个一流的创意，三流的执行，我宁可喜欢一个一流的执行，三流的创意。

阿里巴巴要做的是昨天别人想做不能做事实证明又不得不做的事情。历经无数的折磨、无数的快乐，因为我们在做我们相信的东西，所以才走到了今天，我们的热情所在就是因为如今的世界不一样了。我们在全世界开创了一个新的模式，它不仅是一个商业模式，也是一种生活方式。

社会化物流基础设施建设，阿里巴巴想了10年，也做了10年，决定傻傻地再做10年。让我们这些老家伙，学习做做菜鸟吧。菜鸟的心态比谁都年轻，比谁都经得起风浪。

——2013年5月28日马云在菜鸟网络挂牌仪式上的演讲

大雪初霁，在冬日的余晖中，中国最北的城市黑龙江漠河已是银装素裹，分外妖娆。一位女网民在天猫商城下了订单，很快一件网购快递包裹在深圳被封装，几个小时后一架载满包裹的货机闪烁着警示灯连夜起航。次日凌晨，货机到达北方中转中心后，通过顺丰、圆通、申通、中通、韵达等快递公司的联合接力传递，在第二天天黑之前，漠河的女网民收到了她网购的女冬装外套。

1天内送货必达

让网购包裹24小时内送达全国各地，这就是菜鸟网络所追求的快递目标。

2013年5月10日马云辞任阿里巴巴CEO后，很多人认为马云就此功成身退，不再复出。没想到的是，18天后，5月28日马云又启动“中国智能骨干网”（CSN），并担任合资公司菜鸟网络的董事长。

菜鸟网络成立后，马云真正是退而不休，不时参与菜鸟网络的商业活动。马云说：“我原以为辞任阿里巴巴CEO，只当董事长就不用再出来了，没想到董事长的主要职责就是出台和走秀。”

菜鸟网络的首期投资高达1000亿元，第二期投资为2000亿元，如此庞大的资金由阿里巴巴、中国人寿集团、银泰集团和中信银行等多家公司提供。

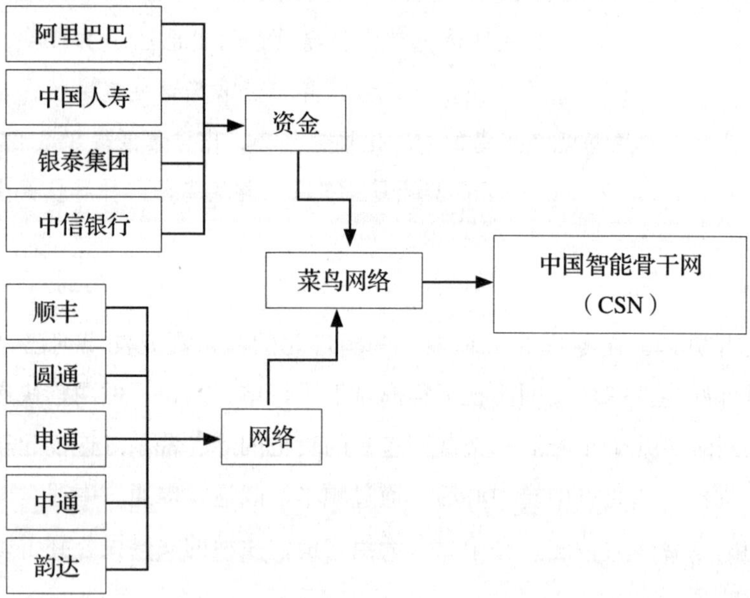

菜鸟网络

马云计划在未来5～8年内打造全国性的物流网络，整合现有物流企业的网络优势，激发它们的运输潜能，让全国2000多个城市做到24小时内送货必达。

很多物流企业的货运过程环节众多、险象环生，而目前中国一天内大约有2500万件包裹，要想实现始终如一的1天内送货必达，犹如天方夜谭。

虽然前方的道路困难重重，但是善于创造奇迹的马云还是且试且行。成立阿里巴巴后，马云发现物流费用是商品报价中不可或缺的部分，很多时候因为物流费用太高直接影响买卖双方的网上交易。而阿里巴巴的使命是让天下没有难做的生意，马云既要帮助网商们挣钱，还要帮助它们省钱。

马云控制不了厂家的生产成本，但是可以通过搭建物流平台削减网购交易中的物流成本。于是在2009年开始，马云就开始筹备智能骨干网的建设，最终联合多家投资机构、快递公司做了一件“大事”，这是中国物流业的重大突破，除了马云，几乎没有第二个人会这样做。正如马云所说，“做任何事，必须要有突破。没有突破，就等于没做”。

理想中的“菜鸟”

有人说马云总是生活在理想中，从来没有清醒过。马云却说：“这确实是一个理想主义项目，我们准备花10年来做，未来能否成功谁也说不清楚，但是这个事情是一定要做的。”

也有人说马云这个举动，就像是菜鸟一样笨、一样傻，但马云无畏失败，认为菜鸟有机会变成好鸟。

马云说：“为什么取菜鸟的名字？我刚刚做互联网的时候，很多人说我是一只菜鸟，但是我们这批菜鸟今天已经变成不一样的鸟。今天，700万淘宝卖家，中国无数小的卖家，所有在网上做电子商务的都是菜鸟，只有菜鸟才能飞向千家万户。

“菜鸟有机会变成好鸟。我们取这个名字不断提醒自己我们要对社会有敬畏之心，对未来有敬畏之心，我们希望自己成为一只勤奋、努力、不断学习、对未来有敬畏、对昨天有感恩的鸟。”

菜鸟网络成立后，首先，“拿地”建中转中心。其次，建开放性物流平台，推进数据化运营。最后，制定游戏规则，不抢快递公司的生意。

很快，菜鸟网络就在国内十几个城市紧锣密鼓地开建“中国智能骨干网”，包括杭州、金华、海宁、广州、武汉、天津、郑州、北京、上海等。

在阿里巴巴内部，“中国智能骨干网”被称为“地网”，与之对应的“天网”则是“大数据+云计算”平台。正所谓力量越大责任越大，马云通过“天地合一”网络和数据同步推进，目的只有一个，那就是要让天下没有难做的生意。这是一个艰巨的工程，但是马云以“菜鸟的心态”决定再“傻傻”地做10年，因为马云喜欢做自己相信的东西。

在菜鸟网络“拿地”建中转中心时，有人指责马云借建设“中国智能骨干网”之名大搞物流地产；即使建好了“中国智能骨干网”，也是为了“绑架”快递公司。其实这些都是以小人之心度君子之腹，“中国智能骨干网”需要建很多个城市中转中心以分拣数亿件包裹，不拿地怎么引入其他快递公司，正所谓“皮之不存，毛将焉附”。

马云做的“中国智能骨干网”是在搭建平台“请人唱戏”。菜鸟网络只有掌握更多的主动权，才有条件整合运输资源，力求把货运成本降到最低，时间做到最快。如果快递公司不愿被其“绑架”，等外资快递巨头来了，它们也摆脱不了被收购或出局的结果。

年轻人没有想法是一种灾难

一个年轻人，如果3年的时间里，没有任何想法，他这一生，就基本这个样子，没有多大改变了。

做一件事，经历就是一种成功。你去闯一闯，不行你还可以掉头；但是你如果不做，就像晚上想想千条路，早上起来走原路，永远是老样子。

我们永远不会承诺你发财、升官，在阿里我们一定承诺你会很倒霉、很郁闷、很委屈、很痛苦、很沮丧。刚来公司不到一年的人，千万别给我写战略报告，千万别瞎提阿里发展大计……谁提，谁离开！但你做了3年阿里人后，你讲的话我一定洗耳恭听。

建立一个社会也好、公司制度也好，需要的是千锤百炼的努力和完善。中国一直不缺批判思想，中国缺的是一批实实在在干事，做千锤百炼苦活的人。就如公司不缺战略，不缺idea（点子），不缺批判一样，公司其实缺的是把战略做出来的人，把idea“变现”的人。

——2011年8月马云给员工的内部邮件

1992年的一天，马云上完课后，就在杭州电子工业学院的校园里闲逛。这时吹来一阵风，几片枯黄的树叶从树上脱落、摇摆、飘舞，终归尘土。“一叶落知天下秋”，马云掐指一算自己已经28岁了，很快就到而立之年，从1988年毕业到现在工作3年多了，每天的生活就是教室、宿舍、饭堂三点一线，难道要永远这样下去吗，最终像那些落叶一样悄然陨落吗？

想换种活法

这时，学院的领导正好骑着自行车过来。他看出马云内心的波澜，就停下来对马云说："马云老师，你要在学校里好好干哟。再过一年你就有煤气瓶可以发了，再过两三年你就可能有房子了，再过五年你就可能评副教授了。"

见领导苦口婆心劝导，马云就说："我会好好干的。"

可是，马云是个不安分的人。当马云看到自己的领导每天骑着自行车，去外面拿牛奶，去市场买菜，每天都周而复始地单调过活时，马云看清了自己"以后的版本"。难掩内心激荡的马云想要换一种生活方式，更何况当时马云每月的工资仅为100元左右，温饱虽不是问题，但个人价值得不到完全体现。

由于马云的英语水平很高，经常有一些外贸公司到学校来邀请马云去做翻译，报酬还算丰厚。马云也不负众望，只要他一出场，三下五除二翻译完毕，"信达雅"无问题。

校外的翻译业务越来越多，让马云应接不暇，于是马云就叫来同事和朋友，让他们帮忙一起做。不久后，马云说要跟他们合伙办海博翻译社时，马上得到他们的拥护和支持。

1992年，在同事和朋友的支持下，马云注册成立了海博翻译社。"海博"就是英文"hope"（希望）的音译。理想很美好，现实更残酷。很快问题就来了，海博翻译社因为房租比较贵，所以经营并不是很理想。第一个月海博翻译社的翻译业务总收入仅为700元左右，但是却要交2000多元的房租，亏损显而易见。

此时，以前支持马云的同事和朋友们，纷纷打起了退堂鼓。有同事说："马云老师，你现在有一份稳定的大学教师工作，就不要折腾了，关掉翻译社算了……"

少年强则中国强。如果年轻人没有想法，就不能改变自己的命运，更不可能为国家贡献更多力量。年轻人敢为人先、勇闯新路，或许就能实现辉煌人生，如果光说不做，什么也改变不了，生活还是老样子，一切终归尘土。初涉商海之后，马云的感受就是做企业根本没什么成就感和满足感可言，并且必须学会面对层出不穷的问题和困难。

在困难面前，马云坚信解决外贸沟通问题的翻译社一定有出路，既然自己选择的路就要自己来扛，再苦再难也要坚持。正如马云所言，做事业不同于升官发财，有时会“很倒霉、很郁闷、很委屈、很痛苦、很沮丧”。

翻译社里的“倒爷”

马云经过分析，认为海博翻译社的知名度较小需要“持久作战”，但是租金是“硬支出”，单纯做翻译不能养活自己，唯有销售产品才能弥补亏空。说得漂亮一点是要搞“多元化”，说得通俗一点就是“不务正业”。

于是，马云除了做翻译业务之外，还贩卖多种小商品以挣快钱。

马云不管春夏秋冬，不怕破帽遮颜，不顾杰出青年教师的体面，一个人背着个大麻袋去义乌、广州等地采购小商品，包括工艺品、医疗器械、鲜花、袜子、内衣等。海博翻译社开始向客户、居民、路人等消费群体兜售这些商品。

有时候，马云还亲自上门去推销这些小商品，他吃尽了闭门羹、遭尽了白眼。人们无法想象，他们眼前这位气喘吁吁、头发凌乱、弱不禁风的年轻“小老板”，居然就是杭州电子工业学院里“十大杰出青年教师”之一。

虽然这段经历赚钱不多，并没有从根本上改变马云的生活质量，但是马云接触了不少政界、商界人物，增长了见识、开阔了眼界、积累了经验。

1995年后，马云不再是单纯的英语教师了，而是演变成了“具有国际化视野的教师式商人”，极具说服力和感染力。

马云坚持做了3年“倒爷”，每月都有营收，不仅养活了海博翻译社，还办起了“杭州英语俱乐部”夜校。

1994年，海博翻译社实现了收支平衡，1995年开始盈利。现在，海博翻译社已经成为全国十佳翻译公司之一，能够翻译100多种语言，客户遍布全球，世界五百强中有不少是它的客户。

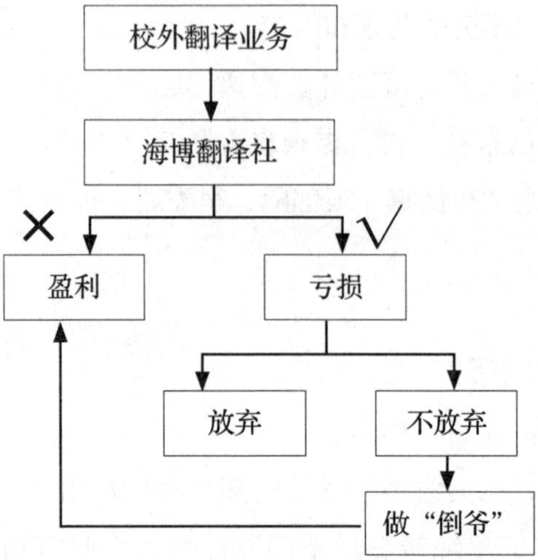

马云开办海博翻译社

“玉兔”号月球车登陆月球，让嫦娥奔月的神话传说变成了现实。很多时候，理想和现实隔着十万八千里，人们千年空谈也无济于事，唯有跬步以行，从点滴做起，经过日积月累，才有可能实现理想。正如马云所说：中国缺的是一批实实在在干事，做千锤百炼苦活的人。公司不缺idea，缺的是把idea“变现”的人。

马云当年原本可以好好做大学教师，小富而安，评个教授什么的，但是他有的是想法，并努力把他的想法变成现实，虽然残酷的现实马上给他“扇一记耳光”。但是，马云永不放弃，只有坚持才有hope，才有“海博”，才有后来的阿里巴巴。

在时代变革中做正确的事情

做互联网，我就像一个骑在盲虎身上的盲人。

我从来不是互联网的英雄，我就是个从杭州出来的凡人。我有时候总觉得对不起我的同事，他们在做超越能力的事情。

我觉得阿里巴巴之所以有今天，其实是因为10年以前我们做出了很准确的判断——互联网不是消灭谁，而是完善谁。如果你想去消灭谁的话，你一定会倒霉。但如果说淘宝把那些零散商全给消灭掉，把渠道全给消灭掉了，这是一个竞争规律，一代一定胜过一代。北京的黄包车拉得很好，突然来了汽车，大家团结起来把汽车砸了没有用，这是时代变革。做任何事不是因为我恨你，而是要做正确的事情。

——2010年12月5日马云在“中国企业领袖年会”上的演讲

1995年，马云在美国收债期间，好朋友比尔曾经带他参观了在美国西雅图的一家互联网公司。马云第一次看到互联网页面时，十分好奇这些花花绿绿的页面，居然能吸引人们不停地进行浏览和点击。

与互联网“亲密接触”

比尔说：“你想查什么就查吧，网上什么都有。”

马云说：“这那就查点关于中国的东西吧。”

工作人员操作着486电脑，打开浏览器，很快屏幕上就出现了一个搜索框。

马云第一次输入“Chinese”，结果搜索数据为0；第二次输入“China history”，仅搜到几行英文。

马云不禁发问：“为什么有的能搜到，有的却搜索不到呢？”

比尔笑着说：“哈哈，你要先做个页面，然后放到网上去，这样才能搜到。”

马云马上请求给海博翻译社做个页面。随后，工作人员就把海博翻译社的简介、报价表、电话和邮箱制作成页面，然后上传到互联网上。

当天晚上，马云的邮箱里就收到了5封询问价格的信，这些信分别来自日本、美国、德国。

这时，马云灵机一动，做翻译不如做网页，这个需求更大。于是马云对比尔说：“你在美国负责技术，我到中国找客户，要给中国每一家企业做个网页。”

带着这个伟大的“商业梦想”，马云豪情万丈地回到了中国。

马云从第一次接触互联网后，就被它神奇的魅力所吸引。不过，马云不像其他中国企业家那样直接走“模仿创新”的路径，而是采用技术外包的合作方式，也就是美国公司负责技术支持，而马云负责开发中国客户。马云精通英文，但是不懂互联网技术，他宣称自己做互联网就是“一个骑在盲虎身上的盲人”。在这种情况下，马云不可能通过完全模仿创新，做一个中国式的谷歌。

相比之下，百度创始人李彦宏就幸运多了。他曾是美国顶级的搜索引擎工程师，拥有“超链分析”技术专利，所以他可以模仿谷歌做本土化创新。马云不精于技术，但精于商业思考，因为他知道“以客户为中心”的公司比“以技术为中心”的公司略胜一筹。

推销中国黄页

1995年3月的一天夜里，马云在杭州家中请来24位外贸人士。他们都是马云在办“杭州英语俱乐部”夜校时结识的朋友。

马云对他们说：“我要从杭州电子工业学院辞职，干互联网（Internet）。”接着，马云开始发表激情万丈的演讲。

马云讲得口干舌燥，听的人却无动于衷。马云讲完后，有23位外贸朋友反对马云做互联网，只有一个人对他说：“你想做，就去试试看吧。”

马云想了一个晚上，还是决定做互联网。因为第一个的关注度最高，只有第一个做互联网才有更多的发展机会。无论是谁也不能阻止自己的决心。

第二天一早，马云向学校辞职，然后开始四处筹款。马云自己拿出六七千元，又向妹妹借了 1 万多元，凑够了2万元。

1995年4月，马云成立了中国第一家互联网商业公司——杭州海博电脑服务有限公司。公司里仅有3名员工：马云、马云夫人张瑛和杭州电子工业学院的计算机教师何一兵。

很快在美国公司的帮助下，1995年5月9日， 中国黄页（chinapages.com）上线。此时，距离中国能上互联网还有3个月。

在抢得市场先机后，马云开始向身边的朋友推销中国黄页。当时的业务模式是推销 + 外包。马云先向朋友描述互联网的好处，然后向他们索要公司资料，再通过邮局EMS寄到美国公司做好页面，接着打印出来，再快递寄回杭州交给客户。

当时，中国黄页的收费标准是，一个页面包括3000字左右的公司介绍外加一张照片，收费2万元，其中1.2万元要交给美国公司。

因为中国客户没有上过网，又没有见过自己公司的页面，很多人都认为这是马云精心设计的“骗局”。为了证明自己不是骗子，马云决定请来电视台，在自己家里演示互联网。

1995年8月，在马云家中，电视台的摄像机正在录像。何一兵操作一台486电脑，采用电话拨号的方式连接上海电信。连接成功后，何一兵打开浏览器，输入中国黄页的网址。当时的电脑下载速度相当慢，大家足足等候了三个半小时，杭州望湖宾馆的网页才显现完。

马云指着从美国传回来的网页，兴奋地说："看吧，这就是互联网，这就是杭州望湖宾馆的网页。"很快电视台节目播出后，人们都知道马云没有骗大家，互联网确实存在……

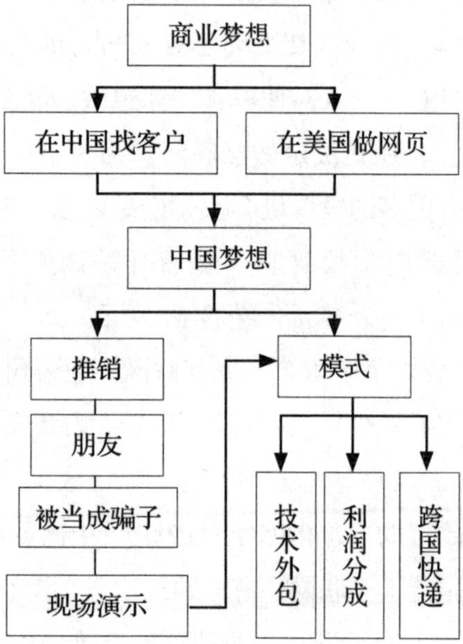

马云做中国黄页

从骗子到天才，也就是一步之遥。当时马云不停地向人推销"互联网""信息高速公路"，那些不明真相的企业家说他是骗子，而那些知道其中奥秘的人说他是商业天才。

在马云去美国之前，定然有无数的精英人士去过美国，也见过互联网，但是他们并没有想到如何将互联网转化为商业运作，造福于国内企业。马云第一次接触互联网，就想到了要给自己的海博翻译社做页面，还要给中国的所有企业做页面，这是马云在多年的经营思考中获得的商业智慧与灵感。

遭遇体制“天花板”

杭州望湖宾馆的网页现场直播后，马云的中国黄页声名鹊起。到1997年底，中国黄页网站的营业额做到了700多万元！在巨大的利益面前，很多竞争者汹涌而至。财大气粗的杭州电信迫使马云向其出让70%的股份。很快，失去决策权的马云就被“架空”。

幸好天无绝人之路，1997年，国家外经贸部向马云伸出“橄榄枝”，邀请马云北上京城，为外经贸部开发网站。得到国家级部门的召唤，马云春风得意，马上将自己所持的中国黄页剩余股份统统贱卖，然后带着几个创业伙伴离开杭州，北闯京城，继续开发网上贸易网站。

马云很快租了一个20平方米左右的小房间，与创业伙伴一道在里面埋头苦干了15个月，让外经贸部破天荒实现了网上宣传，成为中国第一个能上网的部级单位，而且净利润激增至280多万元。

马云和几个创业伙伴虽然劳苦功高，但是他们并没有得到实惠。外经贸部只给马云团队发基本工资，而其许诺的股份因为体制问题根本无法落实，最后马云决定回杭州重新创业。

国进民退，口惠而实不至，商人不受尊重，可以说是体制“天花板”的表现形态。当年马云的创业团队也遭遇这种问题，但是马云选择不抱怨、不争辩，重新开始、从头再来。因为马云知道自己“不是互联网的英雄”，不能改变时代，自己的团队唯有艰苦奋斗，做一些“超越能力的事情”来完善这个时代。

有很多人指责马云创造的网上贸易网站，像阿里巴巴、淘宝网、天猫等对实体店造成致命打击。因为互联网企业的经营范围突破了地域的限制，实体企业需要与网上成万千上万的企业进行竞争。但是马云坚信这是时代变革的“阵痛”，没有谁能阻止这样的发展形势。正如马云所说，“做任何事不是因为我恨你，而是要做正确的事情”。

创业成功=没资金、没技术、没计划

对所有创业者来说，永远告诉自己一句话：从创业的第一天起，你每天要面对的是困难和失败，而不是成功。困难不是不能躲避，但不能让别人替你去扛，任何困难都必须你自己去面对。

我们的创业之所以能成功，第一，我没钱；第二，我不懂技术；第三，我从来不做计划，这是我们活过来的原因。先谈没钱，一般人总会认为，经营一家公司，资本愈雄厚愈好，但我认为，很多失败的公司就是因为太有钱，所以才更容易犯错。

再者是不懂技术。可能有些人会批评我是外行领导内行，但我认为，外行当然可以领导内行，关键在于尊不尊重专业。我向来不干涉技术部门用什么技术，我只关心东西做出来好不好用、简不简单。

至于不做计划，我认为，计划写得再漂亮，遇到环境变动便失去意义，有没有实时应变的能力才是重点。计划写得再好、再仔细，商场情势却未必如你所想。

——2013年12月10日马云在韩国首尔大学的演讲

1999年1月的北京，天寒地冻，一条笔直的公路上人影稀少，路旁光秃秃的树杈在凛冽的寒风中咯吱摇曳。在白色的天空中，树上黝黑的鸟巢清晰可见，劲风袭来，巢动鸟惊，天际间偶尔传来几声凄切的啁啾声。

孤鸟独鸣，扣动了马云的心弦。一年前，马云放弃杭州的中国黄页，北上京城，为外经贸部做网站。一年后，自己答应给创业伙伴的股份却迟迟不能兑现。“良禽择木而栖”，有的创业伙伴动了去意。为此，马云十分烦闷。

回杭州去，重新开始

1999年1月4日，国内首批20家私营生产企业获得自营进出口权，非公有制经济开始合法获得“直接从事外贸的权利”。这时马云看到了未来的希望，越来越多的私营企业获得“外贸权”，网上贸易势必赢来全新的高潮。

1999年1月12日，马云召集所有创业伙伴，严肃地对他们说：“现在，我给你们三个选择：第一个，你们去雅虎，我负责推荐，雅虎一定会录用你们，工资会很高；第二个，你们去其他门户网站，我也推荐，工资也会很高；第三个，你们跟我回杭州，每人只能分800块钱，你们住的地方离我家要在5分钟车程以内。你们要自己租房子，不许打出租车，必须在我家里上班。我给你们3天的时间考虑。何去何从，你们自己决定吧。”

马云说完，创业伙伴们面面相觑、噤若寒蝉，接着就是令人窒息的沉默。

一会儿后，有一位创业伙伴冲出房门，其他也跟着退出去。马云看着与自己同甘共苦的创业伙伴不吱一声，陆续走出房门，胸口如滚过大石一般失落、惆怅、悲伤。马云不露声色，他仍坚信自己的选择没有错。

几分钟之后，所有的创业伙伴又折回来了，他们异口同声地对马云说：“刚才真是对不起呀，我们一起回家吧！”

真情可贵，信任无价。那一刻，坚强的马云流泪了。马云说：“你们没有对不起我， 我也永远不能做对不起你们的事！我们回去后，一切从零开始，成立一个我们这一辈子都不会后悔的公司。”

1999年1月15日，马云和他的团队离京归杭。马云开始寻找合伙人，准备重新开始，大干一场。

1999年2月21日，在杭州湖畔花园马云家中，马云的妻子、同事、学生、朋友共十七人围着马云，准备聆听马云的创业演说。

只见马云挥动手掌高亢开腔：“从现在起，我们要做一件伟大的事情。我们的B2B商业模式将给互联网带来一场全新的革命！”

接着，马云掏出身上的钱“啪”的一声甩到桌上说：“启动资金必须是自己的闲钱，你们不许向家人朋友借钱，因为失败的可能性极大。我们必须准备好接受‘最倒霉的事情’。但是，即使是拳王泰森把我打倒，只要我不死，我就会跳起来继续战斗！另外，你们只能做连长、排长，团级以上干部我得另请高明。”

在场的人都被眼前的情形所感动，纷纷表示出钱出力，支持马云创业。最后，十八人一共凑了50万元。

很多创业者最期待“最美好的事情”（盈利、开分店、上市），但是他们没有准备好接受“最倒霉的事情”（失败、破产、官司）。这些创业者一旦遇到困难，就会一蹶不振。马云在创办阿里巴巴时“没有资金、没有技术、没有计划”，纯粹是“3NO”公司。

对此，马云的解决之道，堪称独具匠心：首先，没有钱就通过向亲朋好友、同事学生借闲钱，因为闲钱输得起、败光了也无所谓。其次，没有技术，就外包给其他公司来完成。最后，没有商业计划，就从政策和市场变化中做好业务调整，如马云从中国黄页的宣传层面，直接调整到阿里巴巴的贸易对接层面。

阿里巴巴，芝麻开门

有了创业本金之后，马云开始根据自己首创的B2B模式进行网站规划，让中小企业免费注册、发布商机信息，然后再利用平台的集聚优势做好供求对接、撮合贸易。

一个响亮的名称和易记的域名，是网站规划中必不可少的环节。对此，马云早有准备。早在1998 年底，马云在美国餐厅吃饭时突然想起阿里巴巴这个名称。当时马云试问餐厅的侍者：“你知道阿里巴巴不？”侍者说：“当然了，阿里巴巴，芝麻开门！”马云又到街上随机问了几个路人，人们都表示知道阿里巴巴。所以马云将网站取名为“阿里巴巴”，因为这是一个全世界的发音都一样的单词，而阿里巴巴源自古老的阿拉伯神话。现在，马云要把新的商业神话带给中国。

1999年3月10日，阿里巴巴（alibaba.com）英文网站荣耀上线，《福布斯》《新闻周刊》等国际权威媒体竞相报道，中国企业会员疯狂注册。

由于网上贸易还是一个新鲜事物，中小企业仍需要教育与引导，于是马云在阿里巴巴上做了大量商讯，专门宣传“网上贸易”的成功故事。同时，马云到处演讲：“我们坚信B2B电商模式将改变全球商人的生意方式，从而改变全球人民的生活！”

当时，有一个青岛商人，每年都需要从韩国采购一种设备，其实这种设备在中国完全有能力生产。可这位青岛商人苦寻多年，仍不知中国哪个厂家在生产。后来他在阿里巴巴搜索相关产品时，就发现一条供应信息。这位青岛商人喜出望外，马上与之联系，令他惊愕的是，供应商居然就在青岛！

不久后，这个成功故事在商界不胫而走，阿里巴巴在商业圈中声名远播，有人说它“站如其名”、神通广大。

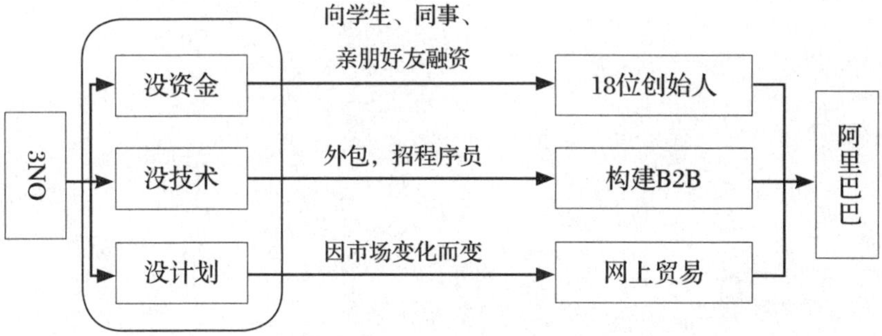

马云在“3NO”中创办阿里巴巴

在没有网络贸易之前，很多商家“老死不相往来”，当有采购需求时，只能通过邮政黄页和社会关系来寻找供应商。有时候，商家还要花大量成本舍近求远，从国外进口生产原料，因为它们不知道去哪里寻找供应商。阿里巴巴推出B2B电商模式之后，渐渐改变了这种格局。现在无论是采购商找供应商，还是供应商找采购商，大多会先通过网上搜索、洽谈，当网上行不通时，才会寻找其他出路。这就是马云所说的全球商人生意方式的“改变”。

阳光灿烂时要修理屋顶

要找风险投资的时候，必须跟风险投资共担风险，这样你获得投资的可能性才会更大。

和风投之间的沟通交流非常重要。不要觉得它们是爷，它们永远只是舅舅。你才是企业这个孩子的爸妈，只有你才知道要把孩子带到哪里去，舅舅只能给点建议和奶粉钱，但把孩子养大是你的职责，它们的钱是帮你做得更好更大，不是救命的。

至于什么时候去融资？要永远记住，在公司形势最好的时候去融资，千万不要到了潦倒的时候再去。天已经下很大雨了，再去修屋顶，麻烦就大了。阳光灿烂的时候就要修理屋顶，公司的改革也是。

钱是资源，不可以没有，但光有钱一点用都没有！所以今天的网络，不是凭资本打天下，而是靠思想打天下，靠行动打天下，靠团队打天下，靠创新打天下。

——2010年5月马云在全球股东大会上的讲话

马云创立阿里巴巴后，不断吸纳会员、扩充商机。不久后，风险投资商就慕名而来。

当时，有一位台湾人开始注意到马云和阿里巴巴，他就是蔡崇信。蔡崇信与马云同是1964年出生，1998年时他在香港Invester AB工作，负责亚洲风险投资业务。

1999年，阿里巴巴横空出世后，名声大噪，Invester AB公司就计划参与阿里巴巴的增资。

蔡崇信“弃暗投明”

1999年5月，蔡崇信负责与马云接触。很快，蔡崇信就被马云的个人魅力及一群患难与共的追随者所感染。因为这些追随者大多是马云的学生，他们要么是工程师，要么是进出口人才，但是他们都愿意聚集在马云老师身边，可见马云必定是一个很有影响力的领导者。

当时蔡崇信想：“我要不要加入这个充满冒险精神的团队呢？”经过认真思考后，蔡崇信决定抛弃一切、毛遂自荐，投奔阿里巴巴。

一天，蔡崇信找到马云，一本正经地说：“马云，那边我不干了，我要加入阿里巴巴！”

当时蔡崇信在Invester AB 的年薪是300万港元，现在他却要屈身前来投奔阿里巴巴。这让马云吓了一跳：“不可能吧，可是我这儿只有500元人民币的月薪啊！”

见蔡崇信一脸真诚，而且还带着太太同行到杭州以示决心，马云只好同意了。

两个月后，蔡崇信出任阿里巴巴的CFO（首席财务官）。蔡崇信“弃暗投明”，这在华尔街投资界引起轩然大波。

1999年10月，以美国富达投资为首的多家投资公司毫不犹豫地向阿里巴巴投入了500万美金。

在“体制内”马云的创业团队没有得到应得的股份，等到马云自己成立阿里巴巴后，他也不清楚如何操作公司的股份制改革。自从蔡崇信到来之后，才给阿里巴巴带来先进的管理理念，那就是公司股份制。蔡崇信通过国际化财务管理，让阿里巴巴转型成为一家真正的现代化企业。马云的创业团队也不再单纯靠“感情”“理想”和“义气”等纽带去维持，而是靠实实在在的“股份”“红利”与“期权”。

6分钟宣讲项目

1999年10月，第一笔风投到位之后，马云又来到北京会见一位“神秘投资人”——日本软银公司的董事长孙正义！

当时，国内很多互联网企业的一把手都来到了北海万泰大厦办公室，想拿投资的人纷纷上去宣讲项目。快到马云的时候，协调人过来对他说：“你只有6分钟的时间能够讲解，然后大家提问题。如果6分钟听完了以后，大家对你没兴趣，也没意思，没什么机会你就走人。”

很快，马云穿着一件破夹克，在半张纸上写了几个要点就上去宣讲。马云是英语高手，他讲起互联网电子商务时，不时来一些英语单词或一段英文。马云说：“我拥有这些数以百万计的工厂资源，那么我如何帮助这内地工厂接触到西方世界呢？它们现在都看不到光明的那一天。我坚信阿里巴巴能为它们贡献力量。”下面的听众听得心不在焉，但马云还是激情澎湃。最后，马云非常自信地讲：“我不缺钱！”

孙正义知道美国富达已经向阿里巴巴投钱，就直奔主题地问：“我如果投资，一定要30%的股份。同意的话你可以继续谈，你要多少钱？”

马云原本以为要大费唇舌说服人家投钱，没想到人家这么直截了当，一时间也不清楚自己到底要多少钱好。

马云说：“我刚刚获得了一笔投资。我不要你的钱，我们可以探讨互联网发展的新方向。”

孙正义略微不悦：“你不要钱，来找我干吗？”

马云诚恳地说：“我从来没有想过要找你，是人家叫我来这里宣讲项目的。”

孙正义笑说：“我给你4000万美元，够不够？”

马云摆摆手说：“我用不了4000万美元。”

孙正义一下子来了兴趣，居然碰到一个不要钱的，大声说：“那就给3500万美元吧。”

马云想了一下说：“那我回去考虑一下。”

马云回到杭州后就给孙正义写了一封信："孙先生，对不起，3500万美元我要不了这么多。2000万美元，我可以接受。如果不行，我们就此这样结束。"

什么时候要钱？马云认为要"在公司形势最好的时候去融资"，"阳光灿烂的时候就要修理屋顶"。马云在阿里巴巴上线半年后，吸纳了庞大会员、聚集海量商机后才与风险投资方接触，因为这时他才有了谈判的资本。在获得第一笔投资后，马云又趁热打铁，争取到第二笔投资。

要多少钱？关于钱的问题，马云认为"很多人失败的原因不是钱太少，而是钱太多"。所以，当孙正义公司要投4000万美元时，马云认为给一半就够了。因为只有马云才了解阿里巴巴这个"孩子"能吃多少"奶粉"，更何况风投"只是舅舅"，"它们的钱是帮你做得更好更大，不是救命的"，要再多也没用。

马孙握手

很快，孙正义就邀请马云到日本东京，继续谈判。

1999年12月，马云和蔡崇信飞到东京，进行谈判。最后，孙正义决定用自己的钱投资，孙正义说："今天是历史上最重要的一天，你们是我见过的最漂亮的团队。"

2000年1月，阿里巴巴的马云和软银公司的孙正义正式签约，软银公司投入2000万美元帮助阿里巴巴拓展全球业务。

后来，很多人追问马云孙正义当初为什么选择投资阿里巴巴。马云却说："其实，大家同样应该问问，马云为什么选了孙正义？这是互相选择的问题。孙正义之所以选择我们，是因为我们的理想没有变，我相信再过20年、30年，我们的理想依旧不会改变，那就是希望对人类、对社会有贡献，为了这个目标，我们会继续努力。"

得到了风险投资之后，马云开始大张旗鼓招兵买马，发展阿里巴巴网上贸易平台，最终发展成为中国最大的网络公司和世界第二大网络公司。

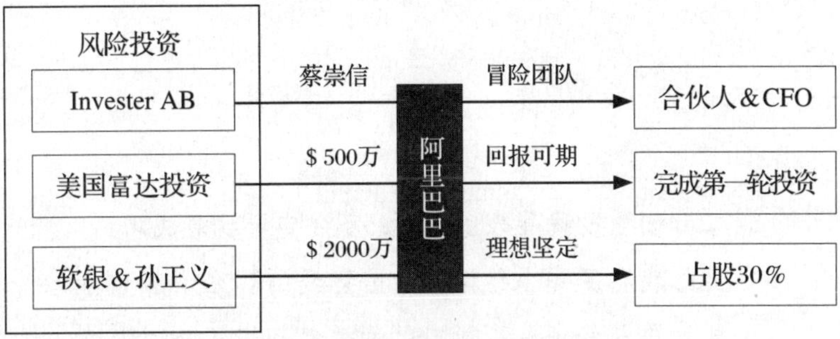

马云吸引风险投资

很多互联网公司都梦想尽快获得风险投资，因为它们标榜“有钱就能做大”。创业过程中“资金链断裂”当然很困难，但是如果你没有核心团队、没有商业梦想，那将会更困难。马云从北京回杭州发展时，条件十分艰苦，但是他的团队并没有因此而抛弃他。

“台湾仔”蔡崇信放弃300万港元年薪，加入阿里巴巴，领着500元的月薪。这就是团队召唤的力量。后来，马云屡获风险投资，主要还是归功于马云本身伟大的商业梦想及其艰苦朴素的创业团队。正如马云所说，今天的网络靠思想、行动、团队和创新打天下。

创业要找最合适的人

创业要找最合适的人，不一定要找最成功的人！

我犯了一个错误，我告诉我的17位共同创业者，他们只能做小组经理，而所有的副总裁都得从外面聘请。现在10年过去了，我从外面聘请的人才都走了，而我之前曾怀疑过其能力的人都成了副总或董事。我相信两个信条：态度比能力重要，选择同样也比能力重要！

阿里巴巴合伙人的产生必须基于——“在阿里巴巴工作5年以上，具备优秀的领导能力，高度认同公司文化，并且对公司发展有积极性贡献，愿意为公司文化和使命传承竭尽全力”。我们相信只有一个热爱公司、使命驱动、坚持捍卫阿里文化的群体，才能够抗拒外部各种竞争和追求短期利益的压力。

——2013年9月10日马云披露合伙人制度的内部邮件

“骄兵必败，哀兵必胜。”以马云为首的18位阿里巴巴的创始人，10年来载誉无限，如何保持不骄不躁的作风，继续带领着阿里巴巴这艘巨舰驰骋商海呢？马云想得最多的就是，重扬艰苦创业的“湖畔精神”，放下过去的荣耀，让一切从零开始。

18位创始人“集体辞职”

2009年9月10日，在阿里巴巴十周年庆典上，马云语出惊人：“阿里巴巴

18位创始人已经集体辞去创始人的身份，将重新竞聘上岗。”

在座的员工先是惊骇沉默，随后化成欢呼的海洋……

马云继续说：“从昨天晚上到今天早上，我们收到了18个阿里创始人的辞职信，我们所有18个人辞去了自己创始人的职位。因为我们知道，从9月11日开始，阿里巴巴将进入一个新的时代，进入合伙人的时代。

“我们18个人不希望背着自己的荣誉去奋斗，我们今天晚上将是睡得最香的一个晚上，因为今天晚上我们不需要说因为我是创始人，我必须更努力；因为今天我们辞去了创始人，明天早上我们将继续去阿里巴巴应聘、求职。我们希望阿里巴巴再度接受我们，跟任何一个普通的员工一样。我们的过去一切归零，未来10年我们从零开始。”

2006年，TCL掌门人李东生悲壮写下《鹰的重生》，鹰至中年，要么坐以待毙，要么脱喙换羽以获重生。2007年，华为爆发“大规模集体辞职”事件，老员工主动办理辞职手续，再重新竞聘公司职位。这些举措都是希望员工抛弃过去荣誉的“累赘”，让一切归零，让员工敬畏未来、努力奋斗。这么一“折腾”之后，同样的公司、同样的职位、同样的员工，但是精神状态却大为不同。

同理，2009年马云让18位创始人请辞再竞聘，也是为了提醒员工不要忘记阿里巴巴的创业精神。1999年，马云在杭州湖畔花园自己简陋的家中创办了阿里巴巴。10年后，公司发展壮大，有一些人开始忘却公司的使命追求短期利益。所以马云要打破创始人的“神坛”，在员工内部寻找合适的人发展成为合伙人，因为“创业要找最合适的人，不一定要找最成功的人”。

阿里巴巴合伙人制度

在18位创始人“集体辞职”4年之后，2013年9月10日，马云在给阿里人的内部邮件中，详细阐述了阿里巴巴合伙人制度。

马云说：“从2010年开始，集团开始在管理团队内部试运行合伙人制度，每一年选拔新合伙人加入。合伙人，作为公司的运营者，业务的建设者，文化的传承者，同时又是股东，最有可能坚持公司的使命和长期利益，为客户、员工和股东创造长期价值。

“我们的合伙人制度有别于绝大部分现行的合伙人制度，我们建立的不是一个利益集团，更不是为了更好控制这家公司的权力机构，而是企业的内在动力机制。这个机制将传承我们的使命、愿景和价值观，确保阿里创新不断，组织更加完善，在未来的市场中更加灵活，更加有竞争力。

“我们出台合伙人制度，正是希望通过公司运营实现使命传承，使阿里巴巴从一个有组织的商业公司，变成一个有生态思想的社会企业。为此，集团希望更多的阿里人涌现出来加入合伙人团队，使我们的生态化组织拥有多样性和可传承性，保持源源不竭的发展动力。”

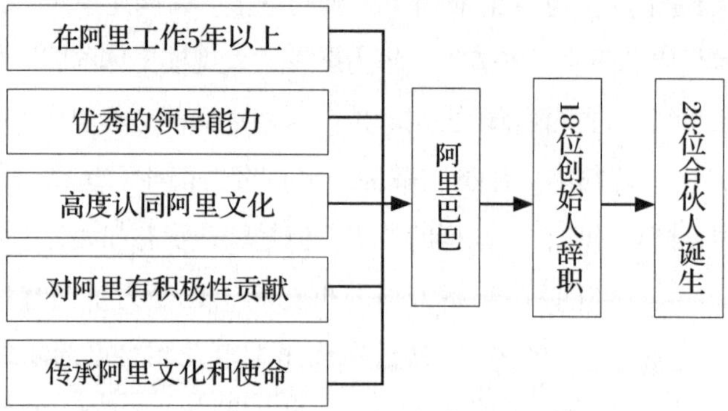

成为阿里巴巴合伙人的条件

2010年，阿里巴巴运行合伙人制度3年后，已由原来的18位创始人发展到28位合伙人。马云指出两点：第一，合伙必须愿意为公司文化和使命传承竭尽全力；第二，控制阿里巴巴的必定是合伙人。在具体操作中，阿里巴巴的合伙人可以提名董事会大多数董事，例如，董事会有9个人，合伙人可以提名5个，所以外人很难夺取阿里巴巴董事会运营的决策权。这样才不会改变阿里巴巴原有的使命和文化。

马云为什么要在公司内部发展合伙人，因为“从外面聘请的人才”不一定适应阿里巴巴的文化。外人只有选择了阿里巴巴，加入了阿里巴巴，认可了阿里巴巴的文化和价值观，才有机会成为合伙人，因为态度和选择比能力更重要。

创业要挑最容易最快乐的事情做

做企业的人分为三类： 生意人、商人、企业家。生意人所有赚钱的生意都做，商人是有所为有所不为，企业家能影响这个社会并创造价值。阿里巴巴已经过了生意人和商人的阶段，我们对赚钱的兴趣并不大，我们想的是能做些什么来影响这个社会，创造价值才是我们希望的。所以有了淘宝。

为什么阿里巴巴要做中小企业，阿里巴巴要做淘宝网，很重要的一点就是10年前我们发现很多的创业者跟我们一样，总希望得到更多的支持，更多的理解，但是帮助他们的人并不是太多。今天我想在座的所有人，10年以后，你们中一定会诞生比腾讯更腾讯，比百度更百度，比阿里巴巴更阿里巴巴的企业。

创业要挑最容易、最快乐的事情去做，切记不要去找最重要的事情去做。

——2010年12月4日马云在“中国地方与行业网站高峰论坛”上的演讲

互联网创意无限，每一比特都有可能改变世界。马云扛起阿里巴巴大旗不久后，C2C来势汹汹，B2B危在旦夕，如果C2C个人领域切入B2B企业领域，那么B2B平台，将要饱尝冬日的酷寒……

就在阿里巴巴上线5个月后，1999年8月“中国版eBay”易趣网成立。几年后，2002年3月，美国eBay公司注资3000万美元，与易趣网结成战略合作伙伴，开启了C2C全球民众上网买卖物品的时代。

神秘的“淘宝”

当时，马云感觉自己还没有能力与美国eBay公司“叫板”，于是打算成立一支“秘密团队”建造一个C2C网站。

2003年4月16日，马云叫来孙彤宇等7位员工，神秘地说：“现在我们要做一个项目，你们要离开杭州、离开公司，你们不能告诉你们的爸爸妈妈、亲朋好友你们去做什么。你们愿不愿意做这个项目？”

孙彤宇凝视着马云几秒钟后，就说：“我愿意！”

马云高兴地说：“那好，你们马上签字。在10个月以内你们不能露出一点点风声。这个合同没有好处只有坏处，你们签了合同就意味着离开我们这家公司，加入一家新的公司。如果你们不愿意的话，马上就可以走。”随后马云就拿出全英文合同，让他们签字。

孙彤宇等员工在合同上签字之后，就收拾好个人物品悄悄离开了公司……

不久后，阿里巴巴因为出了“非典”病例被隔离起来，这时被马云派出的“秘密团队”正在夜以继日地开发网站。

25天之后，2003年5月10日，C2C平台淘宝网（taobao.com）上线，并打出通栏标语“纪念在‘非典’时期辛勤工作的人们”。马云当时也被隔离在家，他通过雅虎通的视频和“秘密团队”庆祝淘宝网的诞生。马云特意倒了一杯酒和他们隔空举杯说：“保佑淘宝一路顺风！”

提前公开“秘密”

淘宝网上线后，马云和“秘密团队”共8个人纷纷把自家的产品放到淘宝网上“自卖自买”，相互倒腾。当时马云翻箱倒柜，把自己的手表也贡献出来，放到淘宝网上“充数”。

2003年6月，在阿里巴巴内网上，有一位员工写了一篇震动阿里人的文章，其中写道：“请公司高层注意，阿里巴巴的对手来了，这个对手叫淘宝网，虽然它现在很小，但是它的商业思想和网站逻辑与我们的惊人相似，我们要时刻警惕它。”

随后，有同事通过IP地址测试，爆料说这个“潜藏”的对手淘宝网就在阿里巴巴公司附近。“公司有内鬼抑或商业间谍？”外界不断质问马云，公司内部疑神疑鬼、议论纷纷，闹得满城风雨。

纸终究包不住火，2003年7月7日，马云扛不住了，没等到10个月就提前向全体员工宣布：“淘宝网是阿里巴巴做的，我们将为此投入1亿元人民币。”

员工听后如释重负，瞬间化作欢乐的海洋。

淘宝网成立后，马云迅速推出免费策略，用户免费注册、免费买卖。免费的力量是无穷的，很快淘宝网的注册量迅速飚升。淘宝网通过免费策略迅速发展壮大，在聚集海量用户和商品后，再通过商家认证、先行赔付、支付宝等服务项目收费。

十余载过去了，淘宝网已经发展成为亚洲最大的网上交易平台，拥有近2亿件商品交易，真正实现“人尽可淘”。

做淘宝网时，马云十分推崇企业家的做法，“影响这个社会并创造价值”，他不像其他生意人、商人那样追求短期利益。马云曾经说过：“淘宝网在成立后3年内不许赢利，但是希望能为中国创造100万个就业机会。”马云通过阿里巴巴支持中小企业发展，现在又通过淘宝网支持创业者发展，可见受益的基数越来越大、福荫的范围越来越广。

马云做淘宝要比做阿里巴巴容易一些，因为马云在“3NO”的条件下创办阿里巴巴，而在获得风投后才创办了淘宝，更何况B2B是马云首创，但是C2C已有eBay、易趣等参照物。正如马云所言，“创业要挑最容易、最快乐的事情去做”。

只有企业挣钱，我们才有机会挣钱

在电子商务领域里，实际上有三个最重要的基础设施：第一是数据流，即电子商务，淘宝、阿里巴巴这个数据就是网络上的；第二是资金流，即阿里巴巴小微服务、支付宝这条线；第三是物流体系。

我们不能做“帝国”，我们要做的是“生态系统”。任何一个“帝国”都有倒台的时候，但“生态系统”基本上是可以生生不息的，如果我们不破坏这个“生态系统”的话。一个“生态系统”有春夏秋冬，就像非洲草原有旱季和雨季，只要是个生命，就有成长、发展、繁育和重新恢复的过程。这个“生态系统”里面的企业，只有它们挣得越多，我们才有机会挣钱。

——2013年5月马云答媒体采访

《礼记·中庸》云：“诚者，天之道也。诚之者，人之道也。”在马云经营阿里巴巴、淘宝网的过程当中，遇到一个严重的问题，这个问题严重制约着网上贸易的顺利进行。它就是诚信的问题。在网上取得联系后，很多采购商不敢把钱汇入供应商账号，个人买家更希望当面交易、货钱两讫，而不愿在网上付款。

支付宝的前身

在淘宝网成立之前，2002年7月9日，美国eBay公司就出资15亿美元收购在线支付服务商PayPal。很显然，只有确保网上支付的安全可靠，才能促进网上交易量的爆炸性增长。

在淘宝网成立一年后，2004年马云审时度势，他分析PayPal的支付方式（买家将钱直接打到卖家账户）不适合当时的中国国情，于是马云提出了“担保交易”的构思，淘宝网以公司的名义给买卖双方做担保。

2004年10月18日，淘宝网担保交易正式上线，这就是支付宝的前身。这种担保交易虽然解决信用的问题，但是十分不好用，因为交易的周期太长。

在担保交易中分为三个步骤：第一个，确认付款。买家购买商品后付款，淘宝网先要向银行确认买家是否把货款打到淘宝账户；第二个，确认发货。买家需要询问快递公司追踪物货发送情况。第三个，确认收货。买家收到货后，到网上确认收货。这样淘宝网才能通过银行把货款转给卖家。

银行确认货款、买家确认发货收货，整个流程走下来，没有半个月时间根本无法完成一笔交易。这时，淘宝网往往成为“众矢之的”，卖家等不到钱，当然不会发货，而买家没有见到货，就会向淘宝网讨回此前汇入的货款。

支付宝更安全更容易

虽然担保交易费时费力，但是淘宝网每天的交易开始飞速增长，到2004年下半年，淘宝网每天的交易笔数达到8000笔。很快与淘宝网合作的中国工商银行杭州西湖支行的工作人员开始“罢工”了，因为交易量太大，他们根本做不完。

交易量太大，一家银行忙不完怎么办？客户不愿意将钱汇入淘宝公司账号怎么办？根据客户和市场的需要，马云想成立第三方独立公司，开设虚拟账号。

2004年12月28日，马云成立了浙江支付宝网络技术有限公司，公开发布支付宝虚拟账户。从此，改变了中国网购的支付模式，在淘宝网上的买卖双方都可以注册支付宝虚拟账号，利用支付宝付款、收款，然后利用支付宝与任一银行账号绑定，就可以实现随时随地提现、消费。

一下子，买卖双方更加信任，银行的压力减少了，交易量扶摇直上。

2005年，淘宝网超过美国的eBay公司成为全球最大的个人交易网站，支付宝也成为全国最大的独立第三方电子支付平台。

2009年12月淘宝网推出手机版，在智能手机内植入淘宝网“随身购”“移动支付宝”和“移动旺旺”等程序，以满足移动互联网用户的网购需求。

2010年11月11日“光棍节”，淘宝网交易量高达19.5亿元，创下历史最高记录。现在，每天大约有6000万人访问淘宝网，平均每分钟约有5万件商品售出。

有人说马云的淘宝网超过美国的eBay公司，只是时间问题，因为中国拥有庞大的消费群体，单是人口美国仅有3亿，而中国有13亿。市场基数大不一定能成功，关键是做出来的产品好用，用户体验好，符合当地的“生态系统”。在马云规划的电商“生态系统”里，数据流、资金流、物流“共同给力”，才能让企业安全可靠地挣钱，让天下没有难做的生意。

马云做淘宝网的成功之处，就是根据中国客户和市场的需要，通过支付宝解决了网上贸易的“信任”问题。美国社会法律较为健全，所以PayPal直接支付的方式比较受欢迎，而在中国网上贸易还是新鲜事物，网上诈骗也是神出鬼没，所以间接支付更加受欢迎。因为“跑了和尚跑不了庙”，一旦在交易过程中出现变故，买卖双方还有支付宝可以依靠。

冬天里的使命：客户第一

面对冬天我们该做些什么呢？

第一，要有过冬的信心和准备！冬天并不可怕，可怕的是我们没有准备！可怕的是我们不知道它有多长，多寒冷！机会面前人人平等，而灾难面前更是人人平等！谁的准备越充分，谁就越有机会生存下去。

第二，要做冬天该做的事！一个伟大的公司绝不仅仅是因为能抓住多少次机会，而是因为能扛过一次又一次的灭顶之灾！一个伟大的公司会在经济不好的形势下，仍然以乐观积极的心态拥抱变化并在困难中调整、学习和成长。让我们再一次回到商业的基本点——客户第一的原则，把握危险中的一切机遇。

——2008年7月24日马云写的《冬天里的使命》

东汉建安十三年（208年），曹操率八十万雄兵南下，兵锋逼近荆州时，旌旗遮日、铁骑震山。刘备不得不率部从荆州撤走，同时还护送10多万老百姓转移。众将抱怨说：“现在带着老百姓走得太慢，如果曹兵杀到，怎么办？不要管百姓了，先逃走吧！” 刘备流泪说：“举大事者必以人为本。今人归我，奈何弃之？”随后，刘备就组织军民共同渡江。

推出“援冬计划”

2008年的电影《赤壁》，马云看后深有感触，危难时刻刘备携民渡江，而今正值金融危机，阿里巴巴是否要携客户“过冬”？

2008年的亚洲金融危机让中国企业雪上加霜，而当时阿里巴巴“过冬”不成问题，因为它拥有150亿元的流动现金。但是中小企业就不同了，它们时刻都有破产的危险。如果经济寒冬过去之后，企业客户都死光了，而阿里巴巴独存，那有什么用？！

马云决定帮助中小企业过冬，主动将产品降价，自己少收一点，企业会员就多赚一点。

2008年7月24日，马云写下《冬天里的使命》：“凭今天阿里的实力也许我们自己不会倒下，但是今天的我们肩负着比以往更大的责任，我们不仅仅要让自己不倒下，我们还有责任保护我们的客户——全世界相信并依赖阿里巴巴服务的数千万的中小企业不能倒下！”

2008年11月，马云推出“援冬计划”，将为国内中小企业拓展海外市场服务的“出口通”产品“中国金牌供应商”的价格从6万元直降到1.98万元，总让利高达150亿元。

马云无端降价，自断财路，有些阿里人很不爽。于是，马云召集大家开会说：“明年一季度我们利润可以为零，我们现在不需要利润，而是要全力以赴帮助更多的中小企业。”

与会者问：“这是真的吗？”

马云说：“是真的。我希望大家不要忘记阿里巴巴的使命（让天下没有难做的生意），在我们这里，使命不是口号，而是行动。”

当时马云做出这个决定是艰难的，因为在他做出决定后不久，阿里巴巴的经营利润明显下降了。不过，阿里巴巴“出口通”的会员得到了发展，截至2010年3季度末，“出口通”的会员由3万增至11万。不过也有一些“骗子公司”趁机混进了阿里巴巴。

2001年在华为发展如日冲天之时，任正非发表了《华为的冬天》：“这一场网络设备供应的冬天，冷得出奇。没有预见，没有预防，就会冻死。那时，谁有棉衣，谁就活下来了。” 任正非谆谆告诫华为人居安思危，备好棉衣过冬。同理，马云在阿里巴巴上市后股票高涨、喝彩不绝中写下了《冬天里的使命》以表“护客”心志，并让利推出“援冬计划”。因为冬天来时，阿里人要学会过冬，首先自己不能倒下，更重要的是保护自己的客户安全过冬。

阿里巴巴与“两千大盗”

从2009年下半年开始，阿里巴巴陆续接到海外客户对“中国金牌供应商”的投诉，在阿里巴巴论坛上的投诉信息就更多了。马云发觉后，决定将“灾难”消灭在萌芽中。

2011年1月底，马云成立调查小组彻查“欺诈门”，调查小组由公司内审团组成，调查工作绝对保密。调查小组开始对投诉客户进行分析回访，顺藤摸瓜，不放过任何“嫌疑人等”。

因为“事关重大”，当公司内审团将调查结果告知马云时，马云做出一项艰难且痛苦的决定，阿里巴巴对内部涉案人员要严肃处理，决不姑息。马云考虑更多的是：有这么多员工和中国供应商会员涉嫌欺诈，要想息事宁人就一定要有人为此付出代价。

2011年2月21日，阿里巴巴发布一则公告：在过去的两年里，有2326 名阿里巴巴网站的“出口通”会员涉嫌欺诈国际买家，并且有近100 名阿里巴巴员工合谋其中。为此，时任阿里巴巴CEO 的卫哲引咎辞职……

后来，有人说马云借“欺诈门”事件借机给公司大换血。马云反驳说：“我不是创造癌症的人，我是在治疗癌症！阿里巴巴从来就没有想过要成为一个赚钱的机器，我们要做好为诚信而战的准备。”

对于卫哲引咎辞职，马云说：“卫哲的离开就是我的责任，我比谁都痛，使我比谁都忙。这个是不是最好的解决方案我不知道，但这是最正确的方案，我没有办法追求完美，天下没有最完美的解决方案。”

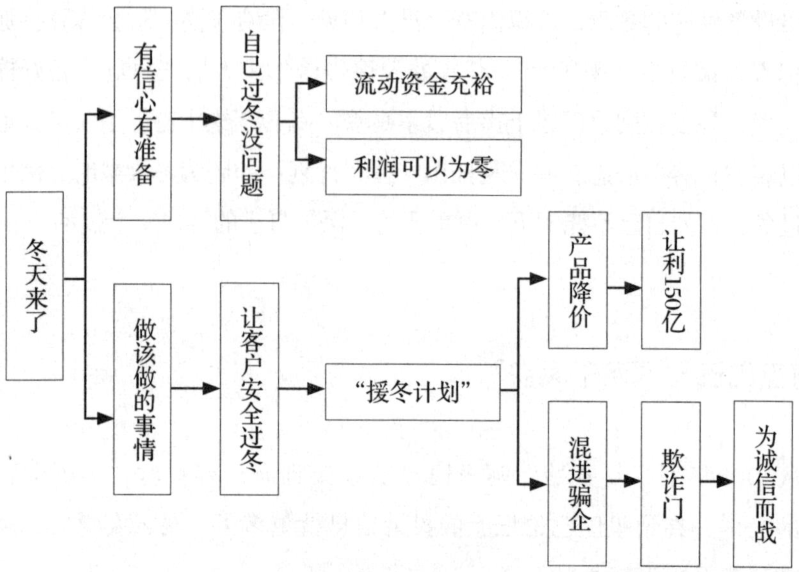

阿里巴巴过冬

刘备说做大事的人要以人为本，因为"民者，国之本也"。以人为本到了马云身上就变成了"客户第一"的原则。所以，当公司内部出现"欺诈门"时，马云决定"彻查到底"，所以才出现欺诈门公告和卫哲引咎辞职的大事件。

有人说这是马云的危机公关，以掩盖B2B商业模式自身存在的问题（相关审核认证容易被金钱所扭曲），其实B2B存在的问题并不是一个"挥泪斩马谡"的危机公关所能解决的。马云此举，主要是表明阿里巴巴的态度，对触犯商业诚信原则和公司价值观底线的行为一定要坚决打击，因为姑息养奸，最终会引来恶蚁缠身、万劫不复。这是马云居安思危使然，正如其所言，一个伟大的公司要以乐观积极的心态拥抱变化并在困难中调整、学习和成长。

第3章

大业，怎么举

马云的变化之道

大　业

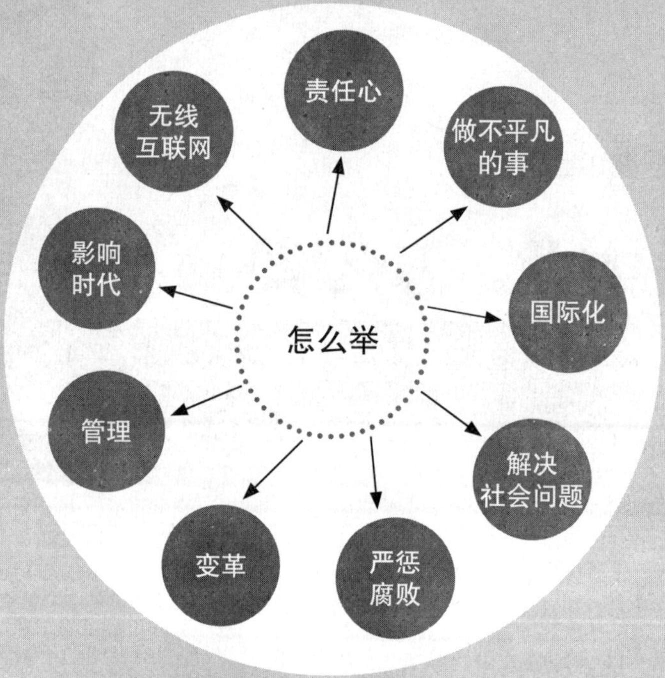

责任心有多大，舞台就有多大

在绝大部分情况下，一个男人的长相和智慧是成反比的，因为你长得丑，没有本钱，所以只能去不断地努力。

真的很累吗？累就对了，舒服是留给死人的！苦才是人生，累才是工作，变才是命运，忍才是历练，容才是智慧，静才是修养，舍才是得到，做才是拥有。如果感到此时的自己很辛苦，告诉自己：容易走的路都是下坡路，坚持住，因为你正在走上坡路。

责任心有多大，舞台就有多大。你愿意为一个人承担责任你是很好的自己，你愿意为5个人承担责任你是个经理，你为两三百人承担责任你是个总经理，你为13亿人承担责任你就是总书记。

——2010年12月6日马云在对外经济
贸易大学的“与80后面对面”演讲

2010年9月11日，在“西湖论剑”现场，施瓦辛格给马云带来了“终结者”的行头：一副墨镜和一件黑色夹克。马云“秀”完几个健美操动作后，就戴上墨镜、披上黑色夹克，与施瓦辛格不约而同地伸出大拇指。中国版“终结者”改装完毕，下一步马云可能会接受施瓦辛格的邀请在《终结者5》中担任角色了。一时间，全场爆发出雷鸣般的响声……

马云与施瓦辛格“西湖论剑”

原来，当天马云以朋友和粉丝的身份特邀美国加州州长施瓦辛格前来中国杭州，参加第六届“西湖论剑”。

马云先上台介绍施瓦辛格：“我先来介绍这位朋友，他是我认识的人里边最不寻常的一位，他最初也是个普通人，但他充满了梦想、充满了力量，他想做的几件事都做成了。

“大多数中国人只知道他是好莱坞的电影巨星，其实在‘触电’之前他是位世界健美冠军，后来又成为一名成功的商人，现在是美国的一位州长。他传奇人生的成功，就是我请他来的理由。现在请施瓦辛格州长上台！”

施瓦辛格不愧为健美冠军，只见他步伐矫健、英姿勃发地走上舞台。

马云看着施瓦辛格魁梧的身材，有些“羡慕嫉妒恨”，就笑说：“州长先生，我是您忠实的粉丝，几乎看过您所有主演的电影。您强健的肌肉让人感到一种无穷的力量。可我练了20多年的肌肉都‘突’不出来，请问您有什么秘诀？”

施瓦辛格笑说：“25年前我写过一本叫《健美之路，健美的神奇》的书，我希望在阿里巴巴网站上卖这本书。你可以通过这本书学习健美，长得壮实一点没有问题。”

论相貌，马云固然不能与世界健美冠军相媲美。施瓦辛格拥有高大健硕的身材、英气逼人的面庞，而马云呢，颧骨塌凹、身材瘦小，状若顽童。但是马云并不因自己的长相而自暴自弃，而是不断努力、坚持人生的梦想。马云甚至还会自我解嘲说：“男人的长相和智慧成反比。”

虽然两者相貌迥异，但是二者勇于奋斗、追逐梦想的精神是相通的，施瓦辛格以“移民精神”创造了自己的传奇人生，而马云以“湖畔精神”谱写了阿里巴巴新神话。在通往成功的路上，他们历经辛酸、心无旁骛地追求梦想，最终问鼎梦想桂冠，正如马云所言，“苦才是人生，累才是工作，变才是命运”。

梦想的力量

得到“健美真传”之后，马云又问：“我的听众多数是中小企业的创业者，他们心中都有很多梦想，在您看来成功的关键到底在哪里？他们应该关注什么？”

施瓦辛格说：“成功的关键在于心中要有愿景、有信心，并朝着这个愿景去努力。我当时还在奥地利的农村里，我说有一天我要成为世界健美冠军。连我父母都不相信，他们都说不可能。

“可我没听父母的话，天天坚持锻炼身体、努力拼搏。在健美大赛中我先后获得‘国际先生’‘环球先生’（世界健美冠军）‘奥林匹克先生’等称号。这一奇迹在健美界是从未有过的，因而我被全球健美界誉为‘王中王’。

“后来我改行当电影演员。有很多亲朋好友说，你身体太粗壮，名字又难记，说话又有很浓厚的奥地利口音，恐怕做不成明星。我也没听别人的，而是自信、勇敢、勤奋地投入到拍摄电影的工作中去，结果我在《铁血战士》《威龙猛将》《终结者》等影片中出演过30多个角色，获得许多大奖，最终成了好莱坞的电影明星。

“后来，大家都知道了，我又通过竞选当上了州长。我想当总统的滋味估计与当州长的滋味差不了多少，当然工资要高一些。可我有妻子和孩子，还有够花的钱，我已经是世界上最幸福的男人。如果有力气，我的州长任期满后还可以去拍电影！”

听完施瓦辛格的成功故事，在场的很多企业家都为之动容。

最后，施瓦辛格向现场观众说：“千万不要怀疑个人的力量，千万不要怀疑中小企业的力量，这就是力量所在。也就是马云说过的，世界上70%的创新是来自中小企业。在这方面，马云先生就是大家最好的榜样。

“今天在座的各位都是中小企业家。在你们眼里，我没有看到恐惧和不自信，我看到了伟大的创业精神，我还要激励大家，去勇敢实现自己的梦想，我就是因梦想力量的驱动而成功的例子……”

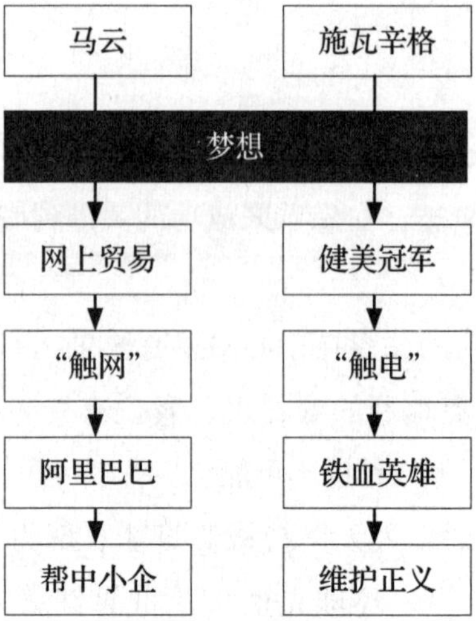

马云和施瓦辛格的梦想

施瓦辛格在影视战场中“造梦”，塑造了一个又一个拯救世界的铁血英雄。马云则在电商战场中“圆梦”，打造了一个又一个网上贸易的“生态系统”，让天下没有难做的生意。二者都在梦想的鞭策下获得了巨大成功，正如马云所说“责任心有多大，舞台就有多大”。施瓦辛格“触电”所扮演的铁血英雄，其责任是锄强扶弱、维护正义，而马云“触网”搭建阿里巴巴B2B平台，其责任就是让更多中小企业挣钱、省钱，实现新的商业文明。

平凡人做不平凡的事

如果你认为你是MBA就可以管理人，就可以说三道四，那就错了，所有的MBA进入我们公司以后先从销售做起，6个月之后还能活下来，我们团队就欢迎你。

进入我们公司有一个月的专门培训，从第一天起，我们说的就是共同的价值观、团队精神。我们要告诉新来的员工，所有的人都是平凡的人，平凡的人在一起，做件不平凡的事。如果你认为你是"精英"，请你离开我们。

我们在用人方面可以概括为三点：一是不从竞争对手中挖人；二是员工可以随时离开公司，我们公司永不留人；三是请进来的人要对他负责。

——2009年3月马云在CCTV年度最佳雇主颁奖晚会上的讲话

在阿里巴巴成立后，马云四方奔走，到处演说"网上贸易B2B新型商业模式"。2000年7月29日，在香港一个发布会上，有位记者问马云："你最喜欢、最崇拜的偶像是谁？"马云想了一下说："金庸。"会后，一位"神通广大"的香港记者，通过朋友约来金庸与马云会面。

拜会金庸"大侠"

从小酷爱金庸武侠小说的马云一听说准备要见自己仰慕已久的金庸"大侠"了，激动得手舞足蹈，急不择言地说："赶紧把我的那些书（武侠小说）拿来。"

很快，马云就见到了“办报文人”金庸，果然有“大侠风范”。原本说好仅谈一个小时，没想到马云滔滔不绝谈了三个小时，当时金庸说得较少，大部分时间都在倾听这位“粉丝”的自白。在谈话结束后，金庸挥毫泼墨给马云写了一幅字：“神交已久，一见如故。”

几天后，金庸应马云之邀到杭州的阿里巴巴参观，并给马云写了一幅字：“善用人才，乃大领袖成功之要旨也，此乃刘邦、刘备之所以成功，望马云兄长勉之。”

见到笔力劲挺、正当其时的题字，马云十分高兴，马上把题字挂在自己的办公桌前面。马云说：“我挂在办公桌前面，这是给自己看的，挂在后面是给别人看的。天天看到这个，也是对自己的一种提醒。”

阿里巴巴成立不久后，马云很快就陷入了用人之困，金庸的题字让马云豁然开朗。几个月后，2000年9月10日，马云还特意邀请金庸先生做第一届“西湖论剑”的主持人。

金庸先生从1959年开始就创办《明报》，很多武侠小说则是他的“业余作品”。金庸比较喜欢“有容乃大，无欲则刚”的对子，在用人方面亦有大侠风范。当时有个副主编与金庸闹了点不愉快，就从《明报》出来自创《今夜报》，还每天亲自写《射鸡英雄传》，与金庸的《射雕英雄传》唱起了对台戏。

大家都说要告发他“不当竞争”，可是金庸却对他的文笔赞叹有加，又“负荆请罪”把他请回去。马云拜会金庸“大侠”之后，知道“善用人才”是大领袖成功的要旨。于是，马云将其用人观，归结为“凡人做凡事”，开始清算那些“故弄玄虚”的MBA“精英人士”。

开除MBA人士

阿里巴巴在获得风险投资后，就从香港、美国等地引进大量的“外脑”，打造MBA精英团队以壮声威。

当时阿里巴巴聘用的MBA人士包括哈佛、沃顿、斯坦福等学校的MBA，还有国内大学毕业的MBA。后来，马云才知道MBA人士在阿里巴巴也有“水土不服”的情况，这些MBA中的95%都被马云开除了。

2001年，马云把四个同事送回了MBA商学院，其中一个去了哈佛，另外三个去了沃顿商学院。马云对他们说：“你回来时告诉我忘了MBA教的一切，你毕业了。如果还是条条框框，你没有毕业，继续回去学。MBA学了两年以后，还要起码花半年时间去忘掉MBA学习的东西，那才是真正成功了。”

后来，有专家学者与马云展开辩论，试图为MBA“说几句公道话”。

马云反驳说：“首先我承认我水平比较差，95%的MBA都被我开除掉了，难道他们就没有错吗？怎么可能95%都被我开除掉？肯定有错。因为这些MBA一进来跟你讲年薪至少10万元，一讲都是战略。每次你听那些专家和MBA讲时热血沸腾，然后做的时候你都不知道从哪儿做起。

“进商学院首先学什么？作为一个企业家，小企业家成功靠精明，中企业家成功靠管理，大企业家成功靠做人。因此，商业教育培养MBA人士，首先要教的是做人。有些MBA人士的基本礼节、专业精神、敬业精神都很糟糕。这些人一进阿里巴巴就好像是来管人的，他们一进来就要把前面的企业家的东西都给推翻。

“MBA人士用在阿里巴巴，就好比把飞机的引擎装在了拖拉机上一样，最终还是飞不起来，我们在初期确实犯了这样的错。那些职业经理人管理水平确实很高，但是不合适。公司当时的发展水平还容不下这样的人。”

创业初期马云也比较喜欢MBA人士，因为MBA人士貌似代表“学识和眼界”，结果自己“搬起石头砸自己的脚”。MBA人士不顾阿里巴巴的使命、价值观与团队精神，擅长“内斗与空谈”，他们耗费时日讨论战略、分析案例、讨论谁当CEO，而不愿意做一件具体的事，理论与实践严重脱节。所以马云逼着MBA人士去做销售，结果有95%的MBA都被开除。

其实，MBA人士并非“一文不值”，只是在阿里巴巴有些“水土不服”。阿里巴巴员工的平均年龄仅为26岁，很多都是一些三四流学校的毕业生、毛头小子，他们不是“专家学者”，不需要太高深的理论，只要有人教他们如何正确地做事就行了。所以，阿里巴巴不欢迎职业经理人，而欢迎老师式的领导（如马云这样的人）。

国际化最重要的两只眼睛

一个企业走向全世界最重要的两只眼睛，一只要看客户，另外一只要看合作伙伴。我们不希望用钱和竞争买市场，而是通过合作帮助合作伙伴。

中国的企业在走向国际化方面误入歧途，这儿有工厂、那儿有老外招聘，有新市场开拓，而国际化的思想和国际化业务是两个完全不同的概念。中国现在有国际化战略思想的企业非常少，而国际化业务的企业倒是有很多。

有国际战略的企业未必有国际业务，有国际业务的企业未必有国际化思想。中国企业国际化是战略、思想、体制、人才、文化的国际化思想。

——2013年3月31日马云在中国（深圳）IT领袖峰会上的演讲

2010年，中国超越美国成为全球制造业第一大国，中国制造的产品越来越多，国内市场供大于求，网店营生多艰，于是马云开始发展淘宝海外版——全球速卖通（aliexpress.com）。

2010年4月27日，全球速卖通上线运营，马云宣布斥资1亿美元进行全球推广。第二天，阿里巴巴与PayPal达成战略合作伙伴。

接下来马云的动作，就是进行“跨国并购”，让美国eBay公司“睡不着觉”。

大手笔收购

首先，收购eBay的大客户。2010年7月，阿里巴巴收购美国Vendio公司。马云看中的是该公司在美国当地的B2C系统与影响力。因为该公司拥有11年的网店零售服务经验，在美国已有超过8万个B2C独立零售商，并在eBay、Amazon等平台上开设多个B2C直营网店，每年市场交易金额超过20亿美元。

其次，收购eBay的技术服务商。2010年8月25日，阿里巴巴又掷重金收购美国Auctiva公司。马云收购Auctiva公司，因为它是一家以服务eBay用户为主的电子商务公司，它的主营业务是帮助客户更好地在eBay上发布产品、管理产品和产品销售。Auctiva的年销售额超过 50亿美元。

通过挥舞“金元大棒”，在短时间内，马云的阿里巴巴获得了约25万欧美买家和70亿美元的采购需求。当时，70亿美元是eBay公司新产品销售额（二手商品除外）的三分之一以上。

马云说：“到国外进行投资并不一定是国际化，那只是企业开展国际业务、从国外赚钱，而不是国际化。企业国际化，必须是思想国际化、战略国际化和组织国际化。因为很多企业不具备国际化的思想，缺乏国际思考，才会十仗败八仗。”

在马云看来，国际化不是简单的“走出去”投资建设或大手笔并购，而是要具备“战略、思想、体制、人才、文化的国际化思想”。马云的国际化思想，就通过分析电子商务整条产业链，做好上游和下游的布局。

美国的电商市场十分发达，如果一切从零开始，难有胜算，于是马云以“拿来主义”为原则，直接收购优势业务、整合上下游资源，为自己的发展铺平道路。马云在电商上游产业收购美国Auctiva公司，掌控互联网高端技术；在下游产业收购美国Vendio公司，获得庞大客户群和采购量，让C2C平台全球速卖通如虎添翼，在海外市场发展更稳健、更长久。

国际信用卡支付

见到马云来到自家门口打“太极拳”，eBay公司开始坐不住了，因为它在中国的业务刚被淘宝“打成重伤”，现在又来了一个国际版淘宝全球速卖通，它得想办法阻止马云这个“中国玩童”的挑战。

很快，eBay公司就想出一条毒计，买家拒付，让速卖通用户“收不了钱”。2011年8月3日，原先与速卖通合作得好好的PayPal公然宣布与速卖通正式解除合作。PayPal是全球众多用户使用的国际贸易支付工具，早在2002年10月就被eBay以15亿美元收购。所以，eBay公司要“借刀杀人”，借PayPal对抗马云的速卖通。

面对市场的变化，马云只能创新应对。

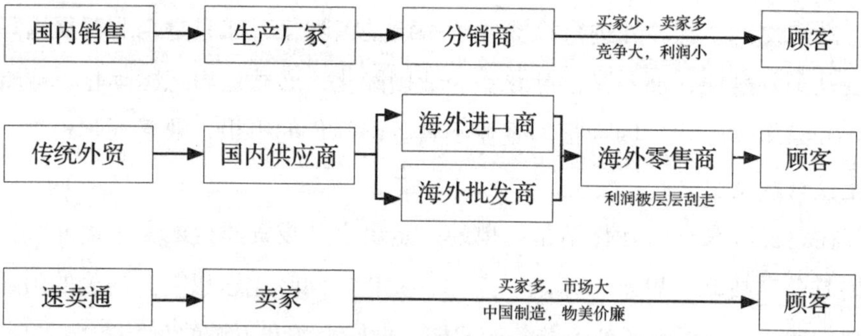

全球速卖通与传统外贸的比较

2011年8月15日，马云开启全球速卖通多元化支付体系，通过与第三方公司深度合作，发布了一种新的国际信用卡支付方式——信用卡美元支付通道。这种支付方式，能更好地控制交易风险，更快识别有效买家，降低买家非正当的拒付风险，保证较高的支付成功率！

在全球速卖通平台，个人卖家可以免费注册成为会员，免费发布产品。全球速卖通最大的创新就是以佣金取代年费，吸引着更多用户在上面销售和选购“中国制造的商品”。

经过多年迅猛发展，全球速卖通已经成为全球最大的外贸在线交易平台，成功覆盖220多个国家和地区的海外买家。借助该平台，阿里巴巴帮助了大批中国中小企业接触国际终端批发、零售商，拓展利润空间。

海尔集团的国际化乐于建工厂，TCL的国际化乐于买工厂，马云的国际化既不建也不买，而是借工厂、谈合作，在国际电商生态系统中谋求共生共荣。有人说马云用淘宝在中国逼退eBay后，接着又谋划利用国际版淘宝在美国打败eBay。

在马云看来，商战没有这么多硝烟，就像下棋一样，输了还可以再来，理想的竞争是拳师遇高手，大家在较量中能互相成长。马云“不希望用钱和竞争买市场，而是通过合作帮助合作伙伴”，所以在全球速卖通上线运营的第二天，马云就与PayPal达成合作。没想到PayPal“中途变卦”，所以马云只能“拥抱变化”，开通国际信用卡美元支付通道以应对。

现代企业的发展要能解决社会问题

我不是一个轻易放弃的人，我会越战越强。淘宝平台对我而言，不是权利，而是一份责任。既然做了，就一定要坚持做好。

淘宝网每年仅运营成本就超过70亿元。淘宝平台今年交易规模将达到6000亿元，培育了逾800万的商家，每年直接间接提供200万个就业机会。如果有一天淘宝网关门了，哪怕是关停一天，其影响将不堪设想。所以我们必须要采取一切确保品质的措施，这也是淘宝商城提高品质门槛的初衷。

我手上的5个“忍”字的确是有的，那是用来提醒自己的。小企业会遇到困难，大企业也一定会遇到。其实我10年前就在忍了，因为那时很多人认为互联网企业就是骗子，而我对它肯定是有信心的。忍是为未来而忍，为诚信而忍，我需要防范5年后会遇到的问题。以前的企业发展需要抓机会，现代企业的发展必须要能解决社会问题，能对社会有所贡献。

——2011年10月25日马云在“浙商对话世界五百强论坛”上的演讲

2011年10月12日，在杭州市华星路99号东软创业大厦的淘宝总部门前，聚集不少“网闹”，他们举着红底白字的横幅，有的引吭聒噪、有的静坐抗议、有的拍照发微博、有的在论坛灌水引导舆论……他们的目的就是为了抗议淘宝“新规”，当地警方接报后随即出动特保维持秩序。此事被网闹们夸大事实说成是“十月围城”，谎称有上万人到杭州“围攻淘宝”。

淘宝被“围攻”：马云PK“网闹”

此事的诱因，是因为两天前淘宝出台了“新规”。2010年10月10日，淘宝商城宣布将正式升级商家管理系统。核心调整主要有两点：一是提高服务年费。原有商家需缴纳的每年6千元技术服务年费，提高至3万元和6万元两个档次；二是提高诚信保证金。2012年商城诚信保证金将从现行的1万元，调整至1万元至15万元不等。消费者一旦买到假货将获得“假一赔五”的赔偿。

淘宝被“围攻”后，马云马上发布微博表明态度：“一生中总有那么一些时刻，我们需要鼓起勇气去做选择。而这些选择不仅不符合常理、违背理性，甚至离经叛道得罪亲友。即便如此，我们可能还会一意孤行！ 因为我们相信自己的决定，我们做了最该做的事。今天在中国，做商人难，做诚信商人更难，建立商业信任体系难上加难。但选择了就必须去做！这是希望所在！

“公司想挣钱是正常的，不想挣钱是不正常的。淘宝经历了9年不正常！9年来我们从未考核过淘宝收入，从未要求过淘宝一分钱的利润。今天也没有！赚钱不是我们的目的。我们不是道德模范，但我们确实想在中国做一家不同的企业。我们全心帮助小企业因为我们懂那种痛。但不是人人从商会挣钱，商业是门严肃的学问。”

不久后，“网闹”们就被一些别有用心的“带头大哥”利用起来，“反淘宝联盟”浮出水面。他们的共同点是自身不诚信经营，却希望聚众闹事以推翻淘宝建立起来的诚信体系。

2011年10月11日，有近5万多名网友、中小卖家集结在YY语音34158频道，他们有组织地对部分淘宝商城大卖家，实施“拍商品、给差评、拒付款”的恶意操作行为，导致欧莎、韩都衣舍、七格格等淘宝网大店下架在售商品，有的商家甚至停止运营。

他们组织严密，攻击性强，很多淘宝上的大卖家“惨遭毒手”。很快“网闹”们攻击的对象又从大卖家转向聚划算、直通车广告及支付宝等领域，事态进一步恶化。

在淘宝被“围攻”初期，马云“冲冠一怒为淘宝”，表示自己“不是一个轻易放弃的人，会越战越强”。可是，事态的发展超乎人们的意料，“网闹”寻衅滋事，利用媒体炒作，最后官方介入，表示关注。淘宝网提高准入门槛、确保品质没有错，但是缺乏沟通渠道与缓冲阶段。本来创业者在低门槛的淘宝网做生意，挣的都是辛苦钱，就因为不诚信卖家、极个别害群之马，就突然发布“新规”，提高服务费和保证金，让很多“小店”濒临退场，所以激起无数的“仇恨与报复”。

马云认为“现代企业的发展必须要能解决社会问题”，但解决问题需要更多时间，需要更多耐心，并非一项“新规”所能解决。如果发布几个“红头文件”，就天下太平的话，那就是“人间天堂”了。所以在淘宝被“围攻”事件之后，马云认真反省了自己的过失，并对于淘宝网制定政策时太年轻、太天真、少沟通、“一意孤行”的做法做出诚恳的道歉。马云说：“我们不是没有错的，我们向大家道歉。”

放弃抑或坚守

2011年10月13日，马云感到有些心累，想放弃淘宝。马云发微博称：“看着家人的眼泪，听见同事们疲惫委屈的声音，心碎了，真累了，真想放弃。心里无数次责问自己：我们为了什么？凭啥去承担如此的责任？也许商人赚了钱就该过舒适生活，或像别人一样移民，社会好坏和我们有啥关系？昨晚上网听见那批人（‘网闹’）高奏纳粹军歌，呼喊‘消灭一切，摧毁一切’，伤害着无辜……亲，淘宝人。”

在千钧一发之际，2011年10月15日晚间，国家商务部表示高度关注、重视此事件，希望相关企业要从稳定物价和支持小微企业的高度妥善处理。

商务部的“关注”，让马云火速回援。10月17日马云从美国飞回杭州举行媒体沟通会，宣布淘宝商城将投入18亿元扶持商家。

马云宣布新规调整如下：

第一，对于已在Tmall的商家，新规执行点延后至2012年9月30日。新商家2013年1月1日起执行。

第二，所有商家2012年保证金可减半，阿里集团追加10亿元进入消费者保障基金。

第三，阿里集团拿出5亿元为符合条件的小商家向银行和第三方金融机构的贷款提供担保支持。

第四，阿里集团增加3亿元投入，用于市场推广和技术服务平台的改善，加大对商场商户的支持力度。

第五，对于不与商城续约或者达不到标准的商家，淘宝商城提供技术帮助，将其商店（B店）转为淘宝网店铺（C店），信用及交易记录均在C店中予以保留。

危急时刻，马云的妥协与隐忍纾解了危难。网上抗议人数很快就比高峰期的5万人下降了一半，几周后“网闹”就销声匿迹了。

几个月后，2012年1月11日，马云宣布将淘宝商城更名为“天猫”，打造全新的B2C平台。

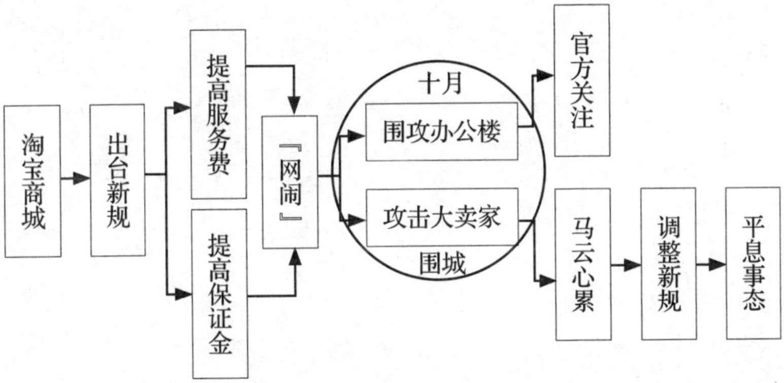

淘宝被“围攻”事件

在危机面前，放弃抑或坚守？当时马云“真想放弃”，但是料想关掉淘宝，也不能消灭假货，伤害的却是更多无辜商家。所以，马云只能忍。从前有人说马云是骗子、大忽悠，他忍了；现在有人说淘宝是骗子、过河拆桥，他也忍了。马云说“忍是为未来而忍，为诚信而忍，我需要防范5年后会遇到的问题”。

网上贸易的诚信问题，本质上是社会的道德问题，仅凭马云一人怎能解决？这需要全民素质的同步提升，根本没有具体时间表。国内有些商人赚了钱就贪图舒适生活，或移民或更改国籍以逃避社会问题。但是马云不愿这么做，他扛起了一份原本不属于自己的责任，坚持为网上贸易的诚信而战，继续运营淘宝，为更多商家提供网销平台，为社会提供更多就业机会。正如马云所说，“既然做了，就一定要坚持做好”。

反对官僚主义，严惩腐败

我们可以犯各种各样的错误，产品不成功，没收入，服务没做好，客户抱怨、投诉，这些错误都可以犯，但我们不能在原则上犯错，今天不行，明天也不行，后天更不行。所以记住，什么是底线？价值观是底线，使命是底线。

这世界不缺互联网公司，不缺赚钱的公司，缺一个有理想的公司，缺一个对人类社会有贡献的公司。我具体提了一个数据，我说淘宝有希望成为中国第一家市值超过1000亿美元的公司！

我恳切大家支持我这两个：第一，反对官僚主义；第二，严惩腐败。我们不是一家商业公司，我们想推进的是新商业文明，我们倡导的是诚信、开放、分享、责任和全球化。

——2011年2月25日马云在“2011年淘宝年会”上的演讲

2010年3月起，团购网站在中国异军突起，因为网络团购具有折扣多、小额支付等优势，最后发展到“无网不团”“无购不团”的地步。

为了满足广大团购客户的需求，2010年9月，马云推出了团购网站聚划算（ju.taobao.com），该网站用的是淘宝网的二级域名。

“休养生息”PK内部腐败

就在聚划算高速发展中，内部开始爆出腐败问题。自2011年开始，陆续有客户向淘宝网举报，在聚划算的招商过程中存在不规范，甚至有“小二”（淘宝员工）牟取不当利益……

在经历了阿里巴巴中国供应商“欺诈门”和淘宝被“围攻”等事件后，马云变得更加“谨慎”了。如果放任“木朽蛀生”，良好的电商生态系统将不复存在。

为了自救，马云开始让阿里巴巴“休养生息”。

2012年1月，马云表示：“阿里集团未来3年内的基调是‘休养生息’，进行内部建设。第一，冻结招聘，全年计划招聘员工不得超过200人。第二，阿里巴巴将整合整个集团的管理风格。B2B业务阿里巴巴是自上而下的改革，而C2C业务淘宝则是自下而上的改革。第三，阿里集团要利用互联网的技术、互联网的理念，找出在知识经济时代以人为本的真正思想，建设一套新的管理系统。”

在马云进行内部建设的同时，另一张大网迅速铺开。在马云的布局下，阿里巴巴廉政部、合规部等部门开始对聚划算进行联合调查。

结果“一查一大片”，聚划算在制度规范和团队管理上存在很大漏洞，部分“小二”存在严重违规操作问题，有的“小二”甚至触犯了法律。

非国家工作人员受贿罪

阿里巴巴调查发现，在2011年4月一名阿里员工、一名淘宝网员工和一名聚划算员工共同出资成立“爱婚婚”公司，不经过任何“审核程序”就成为本地团购业务的指定运营商，在杭州、宁波等地拥有4个分站。虽然这家公司不符合团购活动的要求，但屡获参与活动的“特权”，而另外符合活动要求的商家却“多次申请未果”。

阿里巴巴调查还发现，在商品、店铺排名以及聚划算参加团购活动的资格上，具体操作的“小二”权力过大，他们对卖家的索贿受贿时有发生。

面对赤裸裸的腐败事实，马云不得不再次“挥泪斩马谡”以表态度。

2012年3月6日下午，阿里巴巴宣布，阿里巴巴免去阎利珉聚划算总经理职务，同时还开除了3名利用招商获取不当利益的员工。阿里巴巴永久关闭“爱婚婚”在天猫、淘宝网上的网店，阿里集团旗下所有子公司不再与之发生合作。

很快，阿里巴巴又将犯罪嫌疑人移交杭州警方处理。

2012年7月5日，原聚划算总经理阎利珉涉嫌非国家工作人员受贿罪被刑事拘留。至此，马云整治内部贪腐事件告一段落。

正如腐败加速罗马帝国的衰亡一样，世界上的腐败如水银泻地，无孔不入地腐蚀着企业、国家的发展。任正非曾说过“没有什么能阻挡华为前进，除了内部腐败”，可见很多企业家都十分害怕企业内部滋生腐败。发展到现在，阿里巴巴旗下7家公司共拥有2万多名员工，庞大的数量给管理造成了难度。所以马云允许阿里巴巴的员工犯错误，但是不能犯原则底线。“价值观是底线，使命是底线”，谁违背了阿里巴巴的价值观、使命，谁就触犯了底线，就要被清理。

在马云看来，淘宝网是一个有理想的公司，要想发展成为中国第一家市值超过1000亿美元的公司，要成为杭州的骄傲、浙江的骄傲，甚至成为中国的骄傲，就要反对官僚主义，严惩腐败，推进新型商业文明。

变革不是一时的而是时时的

阿里提出建设商业生态系统而不是商业帝国的思想已经多年了。多年来的努力让我们更加坚定了这个方向是正确的。但是光有思想是远远不够的，我们需要用人才、组织和文化来保证它的成功。

但究竟啥是生态系统应该有的人才、组织和文化？我们无法从任何前人的经验里获得，但我们必须尝试，而这个尝试的代价是我们需要付出10年、20年甚至更长的时间去试错，去完善，去改变。

变革是痛苦的，但要是我们不变革，我们的未来会连痛苦的机会都没有！10年前的我们，因为坚持使命、价值观和阿里独特的组织人才，才让我们有了今天的独特阿里。

变革不是一时的，而是时时的。我们总在追求一种稳定，但在信息时代，变化才是最好的稳定。改变自己要比改变别人容易得多，也重要得更多！

——2013年1月10日马云给阿里人的邮件《变革未来》

随着阿里巴巴的发展壮大，B2B、B2C、C2C、云计算、移动无线等业务百花齐放，为了做好客户服务，马云先后对阿里巴巴的管理架构进行了三次大调整。

“三分天下”

阿里巴巴成立7年内，马云执行的是总公司+办事处建制，在全国各地先后设置了13个办事处。

2006年3月，马云开始实行总公司+大区分公司制度，即把全国13个办事处分成3个大的分公司。第一大区为浙江大区分公司，管辖浙江业务；第二大区为广东大区分公司，管辖广东业务，下设广州、深圳、东莞、中山4个办事处；第三大区为上海大区分公司，管辖此外的其他区域业务，包括华北、山东等地区。

马云说：“我们的出发点永远是在公司最好的时候进行调整。如果等到出问题了再调整，一切都晚了。”

马云此番调整主要为了加强对办事处的管理，更好实施本地化服务。调整后，各地办事处分别向各自的大区分公司汇报，大区分公司向总部汇报。当时各分公司和办事处主要从事“中国供应商”和“诚信通”两种业务。为配合广东地区说粤语的语言习惯，广东分公司还提供粤语服务。

《孙子》曰：“凡治众如治寡，分数是也。斗众如斗寡，形名是也。”意思是说，通过部队建制管理，就能指挥大部队战斗。马云把13个办事归入3家分公司管理，可以说是把13个“诸侯割据”的局面，变成“三分天下”的格局，一来加强了“中央管理”，二来管理调度起来更加灵活、更加高效。这些组织变革，都是从阿里巴巴的使命感、价值观出发，以更好地实施本地化服务，泽被更多中小企业。

“七剑”事业群

弹指间6年过去了，随着阿里业务的发展，马云又将大公司拆分为事业群，称之为“七剑”。

2012年7月23日，马云推出了一项新的公司管理体系，将旗下主要公司归类为7个事业群。

马云说："我们需要加速推进One Company的目标，把阿里巴巴的中小企业和淘宝市场体系有效地结合，实现真正的开放、协同和分享机制。进一步完善阿里集团大市场的内部生态系统，建立合理的组织机制保障，以全面提升集团对企业用户和消费者的服务能力，并最终促进一个开放、协同、繁荣的电子商务生态系统。

"集团决定调整为淘宝、一淘、天猫、聚划算、阿里国际业务、阿里小企业业务和阿里云事业群（'七剑'），并由这7个事业群组成集团CBBS（Consumer to Business to Business to Service partners）市场体系。"

调整后，"七剑"事业群更加专注于各自的业务领域。淘宝：C2C个人购物领域；天猫：B2C品质购物领域；一淘：购物搜索领域；聚划算：团购领域；阿里国际业务：中小企业的海外电商；阿里小企业业务：中小企业国内电商；阿里云：云计算领域。

25个事业群

2013年，阿里巴巴迎来了13年来最艰难的一次组织、文化变革！

2013年1月10日，马云宣布，集团根据现有业务架构和组织将进行相应调整，成立25个事业部（详见下表）。

人员安排	分管事业部
姜鹏（三丰）	共享业务事业部、商家业务事业部、阿里妈妈事业部（展示广告、P4P、淘客联盟）、一淘及搜索事业部
张勇（逍遥子）	天猫事业部、物流事业部（天网）、良无限事业部、航旅事业部

（续表）

张宇（语嫣）	类目运营事业部、数字业务事业部、综合业务事业部、消费者门户事业部、互动业务事业部
吴泳铭（东邪）	无线事业部、旺旺与客户端事业部、音乐事业部
张建锋（行颠）	聚划算事业部、本地生活事业部
陆兆禧（铁木真）	数据平台事业部、信息平台事业部、云 OS 事业部
王坚	阿里云事业部
叶朋（傲天）	B2B 中国事业部（CBU）
吴敏芝	B2B 国际事业部、B2C 国际事业部

马云说：“与其我们天天抱怨今天的商业环境，与其我们天天在现实社会里争议市场经济和计划经济的利弊，不如我们用互联网这个工具来参与变革和建设的行动。因为我们坚信，在互联网的环境里，商业社会会更加透明、诚信和健康。

“在大数据的时代里，市场经济的思想和计划经济的手段将有可能完美统一。建设性的破坏远远比破坏性建设来得有用，远远比抱怨和空谈来得更有价值。

“本次组织变革也是为了面对未来无线互联网的机会和挑战，同时能够让我们的组织更加灵活地进行协同和创新。”

“流水不腐，户枢不蠹”，这意味着企业要时刻保持变革与创新，才能适应市场变化，才能更好服务客户。在线下的地产领域，恒大地产的标准化战略，是以不变应万变。而在线上的电商领域，马云则以万变应不变，“万变”是技术、业务、管理架构的变化，“不变”的是阿里巴巴的使命感、价值观。因为在信息时代，互联网的变化要比地产的变化快得多，互联网依托的IT技术每天都在变化，而地产依托的土地政策可能30年、100年不变。所以马云说：“在信息时代，变化才是最好的稳定。”

优秀员工是管理出来的

阿里巴巴走到现在为止很重要一点就是我们关心自己。如果你不关心自己、不关心自己员工、家人、朋友，不要希望他会关心所有人。我不太希望一个人大公无私，一个无私的人不太可能有公。IT发展到今天我们缺技术、思想吗？不缺。但缺的是把这些东西变成现实。

互联网有今天，4个特征、8个字最关键：开放、透明、分享、责任。假如你的管理不能具有开放、分享、透明、承担责任这样的思想，你的企业一定走不远。

我希望大家记住有梦想很可贵，但是坚持梦想更可贵，把梦想变成现实的正确方法更为可贵，一个优秀企业是管理出来的，优秀员工是管理出来的，优秀的商业模式也是管理出来的，不是谈出来的。

——2013年3月31日马云在中国（深圳）IT领袖峰会上的演讲

午休的“福利”

马云成立阿里巴巴之后，声名鹊起。有一次，一位朋友邀请马云到他的公司去参观，借机“攀龙附凤”给公司做点宣传。马云推托不掉，就抱着“学习的态度”过去了。

马云到时，朋友亲自出门相迎，并带往公司参观。中午时分，马云发现朋友公司里面“黑灯瞎火”的，全体员工都在里面睡大觉。马云说：“嗯，不错，看来你这个老总，还是很关心职工的嘛，还给他们安排午休。”

没想到，那个公司老总笑着对马云说："嗨，我哪里是关心他们呀，我这是为了省电，所以就骗他们，让他们中午休息两个小时，一年下来还可以节约不少电费呢！"

马云心想：这个老总根本不关心自己的员工，只关心公司成本，料想他的公司也活不长。

几年后，马云的话果然应验了，这家公司因为"用工荒"，有订单没人做，有人做没利润，最终还是倒闭了。

马云推崇"客户第一，员工第二，股东第三"。虽然员工处在第二的位置，但是其地位也很重要。因为，员工是天天为客户服务的，只有企业真正关心员工，员工才会更好地服务客户、关爱他人。如果企业不关心员工，员工也不会关心公司的死活。上述案例中那个老板把"中午休息"当作员工福利，并非真正关心员工，而是欺骗员工，因为他想节约电费、节约经营成本。殊不知，员工也会想：老板连几毛钱1度的电费都不舍得花，我们何必舍命跟他干呢。老板对待员工尖酸刻薄，最终受到损失的还是企业。

丰田的退休工

为了让企业家们认识到关心员工的重要性，2013年3月，马云在中国（深圳）IT领袖峰会上还讲了一个丰田退休员工的故事。

故事发生美国的芝加哥，当时暴雨倾盆而下，有个美国司机开着一部丰田汽车在街上穿梭，很快就来到十字路口。可是倒霉的事情发生了，车上的刮雨器突然间坏掉了，挡风玻璃前面的雨水像瀑布一样，司机根本看不见前面的路况。司机不知道该怎么办，往前开不知道会不会撞上别人的车，而不尽快开走的话又害怕后面的车撞上来。

就在司机两手摊在方向盘上抱怨的时候，突然雨中冲过来一个老人。他没用几分钟就把刮雨器修好了。司机看到重新摆动起来的刮雨器，吃惊地问："你是谁啊？"老人说："哦，我是丰田公司的退休人员，我看到我们公司的产品碰到这个问题，所以我有责任帮你修好，尽管我退休了，但也不能坐视不管。”

讲完故事后，马云就说：“假如阿里巴巴有这样的员工，我相信公司会相当不错。多年以来我不断跟员工去讲，并且帮助他们，让他们成长起来，这样公司就会成长起来。所以，员工才是我们真正最大的财富。”

在阿里巴巴，马云不喜欢员工称呼自己为“马总”，而希望他们能直呼其名或者化名（风清扬）。马云说：“我希望和同事之间是真诚的感情，像亲人一般的感情，而不是单纯的老总和下属的关系，叫我的名字不是很正常吗？名字起了就是给人叫的呀！”

丰田公司在用人方式上采用对员工充分授权的管理体系，而不是精英管理体系。在这种体系下，出现问题的时候，解决问题的主要力量是每一位员工，而不像美国管理体系一样，主要依赖管理人员或技术专家。在上述案例中，丰田公司的退休人员，看到丰田汽车有问题马上“就地解决”，这充分说明丰田公司在用人管理方面的巨大成功。在中国有很多企业自己没有达到美国公司的管理水平，却也要像美国一样搞精英管理体系，结果“一有问题就找领导”，“万能”的领导怎么忙也忙不过来，就只有三天两头“躲猫猫”。

马云坚信“优秀员工是管理出来”，马云的用人办法简称为“八授”：（1）授人以鱼：给员工养家糊口的钱；（2）授人以渔：教员工做事的方法；（3）授人以欲：激发员工上进的欲望；（4）授人以娱：把快乐带到工作中；（5）授人以愚：做事扎实，大智若愚；（6）授人以遇：给员工发展的机遇；（7）授人以誉：精神层面的赞誉；（8）授人以宇：顿悟宇宙运行智慧。

网商不仅改变自己，还影响这个时代

初恋情人是最美丽的。任何创业者第一天创业的梦想是最美丽的，永远要相信你的直觉。我相信小网商将创造更多的阿里巴巴、谷歌、腾讯，依靠中小企业中国经济一定会走出困境。

网商懂得，谁都不想改变这个世界，因为没法改变这个世界，我们改变自己就很好。我们很难完善这个社会，我们觉得完善自己的家庭我们还是做得到的。每天多努力一点，多卖一点好货，多积累一点信用，我们的家庭就会发生变化，自己就会发生变化，这就是我看到的希望和信心。

网商要保重身体，因为确实很辛苦。我们在最困难的时刻，在做前人没有做过的努力，我们不被父母所理解，不被社会所理解，不被我们最信任的人所理解，但是我们在坚持着，再坚持五年十年，网商的经济体会从今天的1万亿冲向10万亿。到那一天，我们不仅改变了自己，我们还影响了这个时代。

——2012年9月9日马云在第九届网商大会上的演讲

2011年9月9日晚上，在浙江省人民大会堂灯火辉煌、喝彩如潮，马云上台为“2011全球十佳网商”戴上耀眼的“钻戒”，那是对全球十佳网商的奖励，也是对创业梦想的礼赞。

当最后一位网商推着轮椅上台时，马云立即跑过去帮他推轮椅。他就是身残志坚、感动全球网商的孟宏伟。

坐着轮椅的网商

马云怎么和孟宏伟联系在一起呢？下面我们就讲讲他们的故事。

1997年马云和他的团队正在北京给外经贸部做贸易网站，同一年孟宏伟大学毕业了，在山东济宁做起了道班工人。2001年12月，一场车祸突如其来，孟宏伟被撞成了高位截瘫。

面对生活厄运，孟宏伟万念俱灰，他天天躺在病床上，生活不能自理，成为家里的累赘，还欠下了10多万元的债务。

而在2001年马云开发的B2B平台阿里巴巴已运行两年，让无数的网商实现在家里创业，通过一台电脑、一条网线就能在网上开店、做生意。

孟宏伟很受启发，他了解到山东济宁周边县市牛羊资源丰富，但销售仅限于周边市场，如果能与当地的养殖基地合作把牛羊放到网上卖到全国，那该多好呀。

孟宏伟当时的想法像“初恋情人一样美丽”，有人说他是“痴人说梦、太傻、太天真、不靠谱”，就像马云当年做B2B平台阿里巴巴一样。

可是，孟宏伟却不管这些流言蜚语，还是坚持自己在网上创业的梦想。他推着轮椅拖着截瘫的身躯，在当地养殖基地跑起“业务”。他一遍一遍地跟人家说互联网、网店的重要性，跟马云当年推销中国黄页一样冲劲十足。很多人一看他这个身体，又净说些“云山雾罩”的东西，都拒绝与他交流，还有的人把他当成“骗子”赶走。

然而，功夫不负有心人，在孟宏伟无数次游说之下，终于有一位养殖基地的场长被他的精神和勇气打动，答应让他尝试一下在网上卖牲口。

2006年，孟宏伟开始走上网上贸易之路。当时，马云已经在阿里巴巴推出诚信通、支付宝服务，成功解决了买卖双方互信和安全支付问题。

一开始，由于不被人信任，孟宏伟的生意十分艰难。孟宏伟每天早早地就守候在电脑旁，不断地在各类行业网站、论坛发帖、顶帖、发广告，可是迟迟没有“意向客户”的电话打过来。但是孟宏伟没有气馁，心想这么多年的苦都熬过来了，难到网店这点苦都受不了吗？于是，孟宏伟咬紧牙关打算继续坚持下去。

经过无数个日夜的痛苦等待，2006年底，有一位河南客户打电话给他说要买羊，这让孟宏伟喜出望外。面对第一位客户，孟宏伟丝毫不能马虎，全心全意做好了服务，后来对方一次购买了300只羊，孟宏伟从中赚到了1500元。

2007年3月，孟宏伟发现阿里巴巴平台，他就注册了会员，并很快升级为诚信通会员，结果他在“网上卖活物”的生意做得风生水起。有一个月，孟宏伟在网上卖出了1200只羊和690头牛，获纯利12000元，一时间成为网商中的传奇人物。

很多网商在网上创业时，不被人理解与信任，但是他们凭借着超人的毅力坚持了下来，最终实现了自己的人生梦想。马云十分佩服像孟宏伟这样身残志坚的网商，他们“不被父母所理解，不被社会所理解，不被我们最信任的人所理解”，但是他们始终坚持着，最终“改变了自己，影响了这个时代”。电商指网络平台商，网商指从事网上贸易的网民，电商与网商之间组成了紧密关联的生态系统，正是有了这些不屈不挠的小网商，大电商才会变得“异彩纷呈”。

竞选“全球十佳网商”

2011年3月29日，阿里巴巴集团和中国电子商务协会共同启动“2011全球十佳网商评选”活动，要在全球范围内寻找优秀网商，他们需要具有“诚信、透明、分享、责任”的特质。

2011年4月7日，孟宏伟突然接到阿里巴巴董事长马云的电话，马云说：“孟宏伟先生，你好，我们邀请你去杭州阿里巴巴总部，参加‘2011全球十佳网商评选’。”

原来，“2011全球十佳网商评选”活动开始之后，全国各地的网商都前来参选。马云在无意中获知孟宏伟的事迹，深受震撼——一个高位截瘫的网商，居然能坚持这么久，把活牛、活羊、活驴放到网上销售，“干了一件了不起的事情”！

2011年4月14日，孟宏伟来到阿里巴巴公司进行预选赛的演讲台上，面对台下众多网商和评委，孟宏伟说：“有梦不觉人生寒！我坚信人生处处有奇迹！……”听后，马云和评委们都热烈地为他鼓掌……

这就是后来马云为什么在第八届网商大会上亲自为他戴上“钻戒”的原因。

其实，并不是所有网商都能像“全球十佳网商”那样耀眼，轰轰烈烈地做一番事业。马云对网商的要求并不高，告诉他们不用想着去完善这个社会，只要能改变自己，完善自己的家庭就行。全球亿万的网商，每天只要“多努力一点，多卖一点好货，多积累一点信用”，就能实现这种变化。孟宏伟高位截瘫，原本对生活近乎绝望，而网上贸易如暗夜中的灯塔给他带来了希望。在坚持不懈地努力下，他终于完善了自己，完善了自己的家庭，还成了被人们津津乐道的楷模，激励着无数人继续在网上创造奇迹。

无线互联网的游戏刚刚开始

10年前，没有人会相信淘宝能打败巨大的对手eBay，10年后我们难道不可以一试？很多人后悔没有机会参与那次战争，但这次我们每个人都可以参与。谁不参与，谁就不该待在这家公司里。因为这是我们每个人可以做的事，这不是战略，这是阿里人在无线时代争取生存权利的努力。

这一次，我们每个人都可以帮助“来往”，别告诉我你不可以，除非你不愿意。今天的无线互联网别看微信那么强大，那也和2003年的互联网格局差不多，那时候的新浪、搜狐、网易也不是高不可攀的。无线互联网的游戏刚刚开始……

我们和别人比的不仅仅是技术、实力，我们比的是每个阿里人的团结、毅力、速度、耐心。更何况在技术和实力上我们不比别人差，在无线网上没有建树，我们就不该考虑上市！

——2013年10月21日“来往”上线后马云在内部发帖

现阶段，移动互联网以“惊涛拍岸”之势袭来，在很多领域移动无线产品渐渐挤掉传统电脑版、网页版产品，成功“上位”成为应用的主流。

马云曾经以“长江后浪推前浪，前浪死在沙滩上”来形容“其兴也勃，其亡也忽”的互联网经济。所以，在时代变化面前，马云不断加速阿里巴巴、淘宝网、支付宝等传统网络产品的“移动化”，同时马云还使了一招“破剑式”，猛推“来往”。

马云扎推“来往”

2013年9月25日，阿里巴巴正式发布移动互联网上的社交产品——“来往”。它是一款跨平台的即时通信工具，包含扎堆广场、我的扎堆、来玩吧、热门活动、好友雷达、敲门等，用户可以使用兴趣扎堆、观看短片、敲门交友、阅后即焚等应用功能。其中“阅后即焚”功能因为保护个人隐私，备受粉丝青睐。

马云说：“我目前通讯工具80%是‘来往’。我原来认为‘来往’没有特色，不够独特，但现在却离不开它了。因为我最大的乐趣在于帮助它成长、完善起来……好产品是用出来的、完善出来的，也许它最大的特色是几万名员工不服输的精神，用愚公之精神去挑战X信。”

接下来，马云开始为“来往”摇旗呐喊。

首先，利用马云自身的影响力“自练太极”吸引粉丝关注。每一天马云（风清扬）都会在江湖情“马云扎推”中推出新话题，论及管理、人生和环境等方面内容，吸睛无数，跟帖评论者不计其数。

为了推广“来往”，马云把全家人都动员起来，有点像当年在湖畔花园创办阿里巴巴一样，把所有同学、同事、朋友又重新动员起来了。

马云说：“我们家领导和我已经把家里所有有手机的人，包括70岁以上的老人全强迫安装上‘来往’。目前只要有人联系我们，不安上‘来往’，绝对不再联系下一次，甚至来家里送快递的人全部都装上‘来往’。”

其次，马云还通过阿里员工进行“人肉推广”。因为经过10多年发展，阿里员工已经有几万人了，所以让员工利用“来往”与自己的亲朋好友来往也是一个不错的选择。

2013年10月21日，马云发送内部邮件，要求每位阿里人要安装“来往”，并在11月底前至少要有100个阿里外部的好友，否则红包不保。

马云说：“‘100+’的馊主意是我出的，也是我坚持的。阿里人11月底前没有100个公司外面的‘来往’用户，视同放弃红包。红包本来就不是必须给的。当然，有‘100+’未必有红包，没有100个肯定没有红包。”

善于“拥抱变化、创造变化”的马云在2003年创办了淘宝网，在国内开创个人免费在网上进行买卖的先河。10年之后，2013年马云又以“来往”在移动互联网经济中进行新一轮的角逐。虽然在这个市场上已有微信、米聊、易信、飞信、陌陌等多种产品，但是马云还是强推“来往”，挑战权威，因为这是阿里人“在无线时代争取生存权利的努力”。马云主张以“愚公之精神”去挑战竞争对手，一点一滴地弱化对手的影响力，就像当年淘宝逼退易趣一样。

“来往”的“吸星大法”

马云利用阿里巴巴各项推广业务对“来往”进行捆绑推广，引导网商用来往。“来往”上线后，阿里巴巴网站、淘宝网、天猫等平台开辟了广告和下载通道，并开展“拜年”“送手机”“送红包”等热门活动，为“来往”“擂鼓助阵”。

最后，马云大打情感牌，邀请业界大佬和明星来应用“来往”，高喊“朋友就是要来往”。

马云说：“像柳传志、史玉柱、郭广昌等朋友知道只有用‘来往’和我联系我才回答得更快。像李连杰、文章、黄晓明、赵薇、陈坤等明星，犹如‘来往’产品推广员一样。”

2013年11月21日，马云采用“吸星大法”，投入重金请来汪峰、周笔畅、郭敬明等话题明星，借明星的力量吸引更多粉丝加入“来往”。人们犹如看到了新浪微博当年“拉明星入伙”的做法。

在马云的一番“努力”下，截至2013年底，“来往”的用户突破1000万，手机淘宝的累计用户数为4亿，日活跃用户峰值为1.27亿。

据统计，2013年底中国智能手机用户为5亿多，手机网民规模4亿多，而手机即时通信用户为3亿多。阿里巴巴的价值观推崇“客户第一”，现在客户都集中到了移动互联网上，所以马云要调动一切可以调动的资源来推广“来往”。虽然产品的特色差强人意，但是马云坚信凭借着“阿里人的团结、毅力、速度、耐心”，就一定能打破互联网现有的格局。

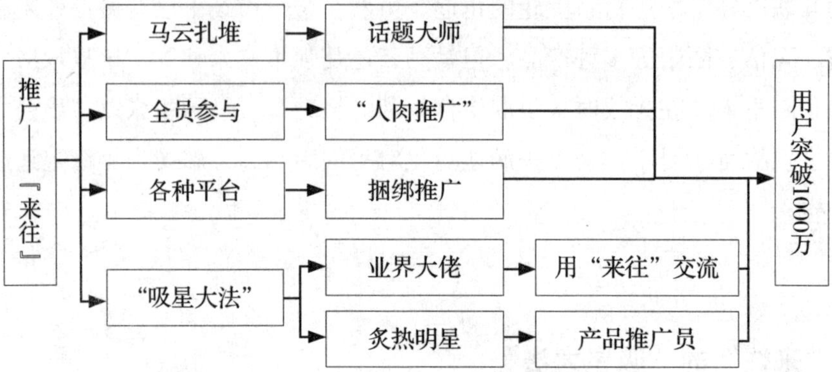

马云推广“来往”

马云认为如果阿里巴巴“在无线网上没有建树”，就不要考虑上市的问题，因为阿里巴巴的B2B业务曾于2007年上市，如果阿里巴巴再以传统的B2B业务上市，说明它没有跟上这个时代变化的步伐！

第4章

战略，怎么出

布局的

智慧

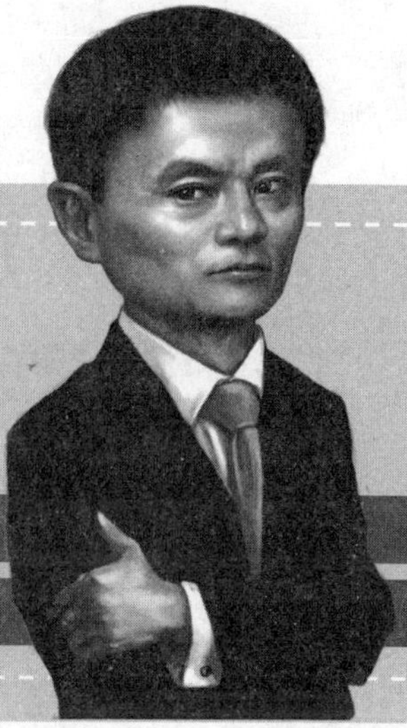

战　略

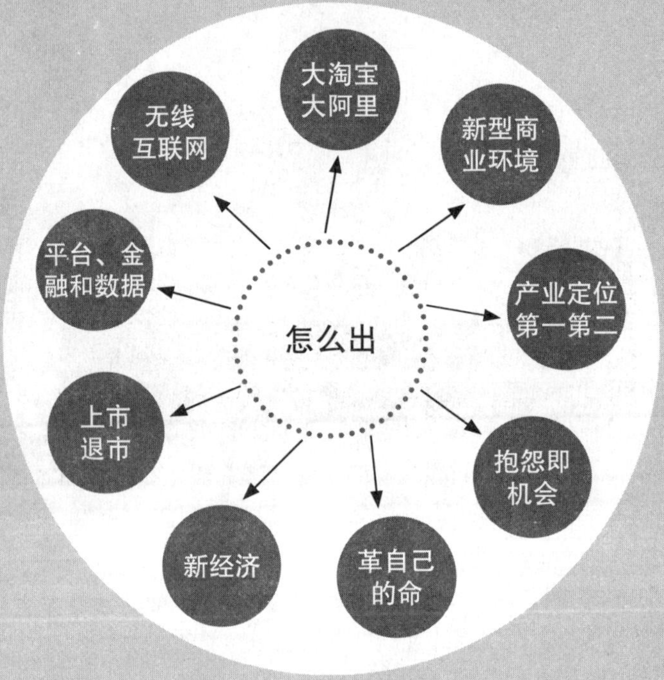

怎么出
大淘宝
大阿里
新型商
业环境
产业定位
第一第二
抱怨即
机会
革自己
的命
新经济
上市
退市
平台、金
融和数据
无线
互联网

“大淘宝”战略提升为“大阿里”战略

2009年启动的“大淘宝”战略取得了阶段性进展，初步建立了一个强大的以消费者为中心的网购生态系统。为了更好适应今天行业的快速发展，集团决定提升“大淘宝”战略为“大阿里”战略。

“大阿里”将和所有电子商务的参与者充分分享阿里集团的所有资源——包括我们所服务的消费者群体、商户、制造产业链，整合信息流、物流、支付、无线以及提供数据分享为中心的云计算服务等，为中国电子商务的发展提供更好、更全面的基础服务。

“大阿里”战略的核心使命仍是建设开放、协同、繁荣的电子商务生态系统，促进新商业文明。

——2011年6月16日马云给阿里人的内部邮件

1996年，沃尔玛公司犹如一只来自北美洲落基山脉的狼獾一样，用锐利的长爪撕开了中国的大门。2007年沃尔玛完成了对好又多超市的收购，一跃成为中国最大的零售商。在本土超市节节退败之际，“大忽悠”马云开始叫嚣着要“打狼”了。

2008年7月5日，在淘宝网五周年庆典上，马云宣布给淘宝网追加20亿元的投资。马云说：“追加的20亿元在5年内必须花光，而且必须投入在技术、创新、人才引进、生态链建设上。过去的5年，淘宝成为中国最大的电子商务公司。在未来，我们要把淘宝打造成为一个全世界最伟大的，也是在这个时代才有可能诞生的、超越沃尔玛的商业形态。”

“大淘宝”战略

为了加速发展、超越沃尔玛，在2008年9月马云提出了“大淘宝”战略。

马云说：“‘大淘宝’，就是要做电子商务的服务提供商，为所有的电子商务参与者提供水、电、煤等基础服务。淘宝网要做的就是‘三通一平’。”

“三通一平”原指建筑工程中水通、电通、路通和场地平整，马云说的淘宝网“三通一平”，指用户在网络平台上的买卖、支付、技术以及物流四个方面都畅通无阻。

2008年9月4日，马云宣布正式启动“大淘宝” 战略第一步——旗下淘宝网和阿里巴巴合并发展，共同打造全球最大的互联网零售市场。

从2009年开始马云又实施“大淘宝”战略第二步，就是将淘宝网向社会开放，寻找各种服务商合作，打造立体化电子商务生态服务链。

很快，马云就在淘宝网首页上开辟便民服务板块，提供包括话费、游戏、旅行、保险、彩票、电影票、外卖、理财、电子书、音乐、水电气等订购与支付服务。

2010年1月1日，马云又马不停蹄推出淘宝电器城（3c.tmall.com），开启3C网购时代，用户在网上购买大宗家电成为了可能。此举，进一步增强了淘宝网的综合零售能力。

2010年1月3日，淘宝网与湖南卫视合作成立“快乐淘宝”，马云将网站购物频道与电视节目有机结合起来，将便民购物服务进行到底。

马云戏称此次合作为“地主+佃农模式”，马云说：“感谢湖南卫视把我们请到湖南来种田。如果你只会种自己的田，你就永远是农民；你只会种人家的田，你就只是打工仔；你有机会请别人来种你的田，就是地主，就有机会收获自己的果实。”

为了加强“大淘宝”战略的执行力，2010年1月23日，马云成立了“大淘宝”战略执行委员会，执行委员会成员包括执委会主席陆兆禧、首席战略官曾鸣、首席技术官王坚、首席人事官彭蕾、首席财务官张勇、首席市场官王帅。

至此，淘宝网、支付宝、阿里云计算均归入“大淘宝”战略发展的“宏图伟业”中。

在马云看来，“大淘宝”战略就是“以消费者为中心的网购生态系统”，为了建立这个系统，马云一掷千金，花了20亿元在技术、创新、人才引进、生态链建设上面。接着，马云要有条不紊地实施“大淘宝”战略，第一步先进行内部整合资源提升网络零售能力。为此淘宝网和阿里巴巴迅速合并发展。第二步开放合作引入更多优质服务商以增强网购生态系统建设。为此，淘宝网便民服务、淘宝电器城、“快乐淘宝”孕育而生。最后，马云为了加强执行力，还成立了“大淘宝”战略执行委员会，为“大淘宝”战略提供了组织保障。

“大阿里”战略

2011年6月16日，随着互联网、电商和客户需求的变化，马云又把淘宝网分拆为3家公司（一淘网、淘宝网、淘宝商城），将“大淘宝”战略提升为“大阿里”战略。阿里巴巴超越沃尔玛近在咫尺。

马云说：“全球互联网和电子商务的形势发生了巨大的变化，我们决定把‘大淘宝’战略提升为‘大阿里’战略。近两年来，互联网在搜索、SNS（社区化）和电子商务领域里发生了格局性的变化。

“客户的需求也发生了很大的变化。一方面，网上消费购物在淘宝网的引导和努力下已经从生活的补充变成了生活的必需，我们要为消费者提供更专业和个性化的服务。另一方面，随着内需的展开和企业的转型，越来越多的企业将会使用电子商务来服务客户，它们需要的支持和服务也是今非昔比了。所以我们必须从以淘宝网为主的消费者平台升级为‘无处不在’的供需双赢的消费平台。”

经过此次拆分后，淘宝网和天猫的零售获得了大大提升。2013年仅“双十一”（11月11日）这一天，天猫的销售额就突破300亿元，相当于沃尔玛在中国半年的销售业绩。

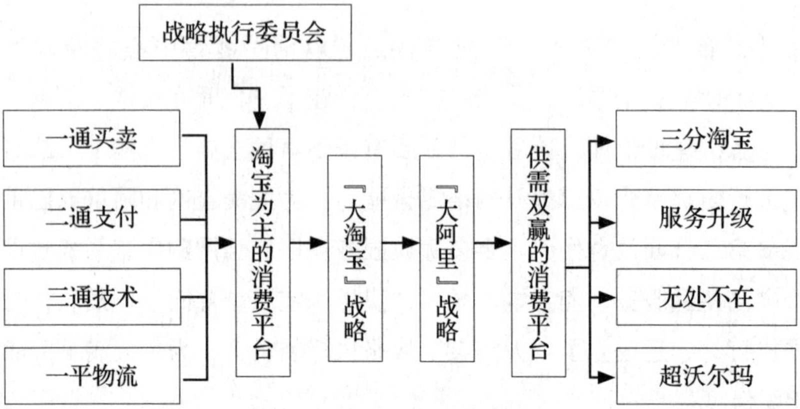

“大淘宝”战略升级为“大阿里”战略

综观国内零售业，沃尔玛、家乐福、家得宝、麦德龙等海外零售巨头“横行霸道”，敛财无数，有的“特批三无食品进店”，有的玩起“霸王条款”，有的玩起“换标那点事儿”……国内零售企业却“万马齐喑”，不敢公开向它们叫板。

唯有东方小个子马云敢“与狼共舞”，以淘宝网、天猫等电商平台为阵地，以“大淘宝”战略、“大阿里”战略为指导思想，以几万阿里人的力量，一步一个脚印，慢慢“把狼打倒”。马云真正完成了“大阿里”战略的核心使命——“建设开放、协同、繁荣的电子商务生态系统，促进新商业文明”。

建设透明开放、公正公平的商业环境

很多人输就输在，对于新兴事物第一看不见，第二看不起，第三看不懂，第四来不及。

今天电子商务不是想取代谁，不是想消灭谁，而是想建设更加新颖、透明、开放、公正、公平的商业环境。

未来主导中国经济的，是今天没有见到过甚至没有听说过，很多人可能看不见、看不起、跟不上、看不懂的年轻人。他们将取代我们，他们将成为中国经济的未来。

——2012年12月12日马云在中国经济年度人物颁奖盛典上的讲话

在制服沃尔玛这只“桀骜不驯的北美狼獾”后，马云又开始挑战国内房企了。在很多人看来，马云有时候的想法很傻、很天真，但是马云总能提前看到并抓住“新兴事物的市场机会”，所以最后的微笑者还是马云。

盛典中的“豪赌”

2012年12月12日，CCTV中国经济年度人物评选颁奖盛典在北京举行，马云与王健林同台领奖，并互相调侃出一个“惊天赌局”。

看到穿着休闲装的马云还沉浸在“双十一”的狂欢中，大连万达的王健林笑着对马云说：“马云先生，我不认为电商出来，传统零售渠道就一定会死，基于三个理由。

“第一，现在电商再厉害，占的份额依然比较小。将来能不能占一半以上的份额，还有待时间检验。

“第二，现在有一种消费叫炫耀性消费，可它只是用来展示而不会进入零售渠道。平常人们吃穿用的东西才会进入零售渠道。

“第三，零售商不会等死。当然，在你的冲击下，一些不思进取，或者标准化的零售渠道，如果没有应对之策，可能会死掉，但是如果零售商发挥自己的优势，或有所作为，线上线下结合，一定会做得很好。”

因囤地、捂盘、供求关系失衡等原因，中国的房价“高烧不退”，每一次国家调控到最后几乎都是“上有政策下有对策”。有的草根“租无定所”，而有的“土豪”却炒房无数，像“房叔”“房婶”“房姐”“房妹”一样“到处出手”。马云挑战房企，不是想取代谁、消灭谁而是想建设一个“更加新颖、透明、开放、公正、公平的商业环境”，因为现在的房地产市场确实有很多不完善的地方。

电商是生活方式的变革

见西装革履的综合地产大佬王健林说电商的“不是”，马云驳道：“电商不可能完全取代传统零售行业，而是基本取代你们。重要的是电子商务今天不是模式的创新，而是生活方式的变革。很多人看成是商业模式，事实上它在影响一代又一代人。电子商务今天一万亿只是刚刚开始，现在所做的只是对传统零售渠道的变革，未来三五年内，将进入生产制造的变革，直到影响生活方式的变革。

“今天真正创造一万亿的不是马云，创造一万亿的是可能不会回头的店小二、小年轻、90后、80后，我们在街上不会点头的快递人员，他们正在改变今天的中国经济，而只有他们才是未来经济的希望。所以我不是取代你，而是帮助他们取代你。”

对此，王健林决定“豪赌一把”，就抛出话来：“我们有一赌，2020

年，如果电商在中国零售市场，整个大零售市场份额占50%，我给你一个亿，如果没到你还我一个亿。”

马云见王健林“勇气可嘉”，说笑道：“光有勇气是不够的，尽管我们都需要勇气。”

到2020年，如果不出现什么“不可抗力”，马云所说的电商能否占据中国零售市场的“半壁江山”呢？是赢还是输，只有年轻人清楚，因为无数的“店小二、小年轻、90后、80后”通过互联网技术和互联网思想正改变着自己的生活方式、改变着今天的中国经济。如果他们输了，就是他们不够努力，只能继续忍受“高房价之痛”，而商业环境没有革新，停滞不前，社会也会输给时代。

如果马云要“干涉地产市场”的话，也不算什么难事。他完全可以加大对淘宝房产（fang.taobao.com）的投资，组建房产销售的“电商生态系统”，然后制定新的游戏规则，吸引更多中小房企进驻，以“B2C＋C2C＋O2O”（企业业务＋个人领域＋线上线下）模式进行运作，或团购或零售，砍掉更多中间环节，给“高烧不退”的房价施以“退烧针”。

产业定位必须是第一、第二，没有第三

我们必须是第一、第二。再经过一两年的努力，没有办法进入前二的业务，我们就关闭掉。所有的团队一起努力，我们有些产业做第一，有些产业做第二也行，有些产业不赚钱很难活下来，有些产业花得不多，钱赚得很多，而且影响很多人。

我们有些产业定位第二，但没有一样产业定位是第三的。我们电子商务是第一、第二的整合，如果不是第一、第二，我们就留给人家吃点饭，我们不能垄断的，尽管阿里巴巴军团很强大，但是我们不能垄断。我们从第一天起就没有想过垄断。

2012年，我对中国雅虎没有要求，希望中国雅虎不要有压力。因为中国雅虎发展这么多年，你们都有自己的能力，对自己都有要求，我就不再给你们压力了。你们去做认为值得做的事情，做自己喜欢做的，最想做的，大家快乐地工作。这就够了。不像淘宝，我是对淘宝有要求的，因为互联网的快速发展，要求我们要做到最好。

——2012年1月马云给阿里人的内部邮件

在互联网上没有常胜将军，主营B2B业务的阿里巴巴骑上了一匹“门户之虎”，蹒跚踟躇，最终没走多远……

2005年，雅虎的创始人杨致远看到雅虎在中国市场“略显颓势”，就想与中国大陆一家电子商务公司合作，以提振雅虎人的信心。

阿里巴巴“骑虎”

当时，马云正在为阿里巴巴寻找战略投资者，所以马云和杨致远一拍即合。

2005年8月11日，马云与杨致远达成战略性合作，雅虎将雅虎中国的所有业务并入阿里巴巴，同时追加10亿美元以换取在阿里巴巴40%的股权以及35%的投票权。双方合作的结果，马云得到了10亿美元发展资金，而杨致远得到了阿里巴巴40%的股权，坐享阿里巴巴的成长收益。

由于阿里巴巴已收购了雅虎中国的所有业务，所以马云有权对其进行业务调整，马云说：“5年以内我把这个公司变成零，美国雅虎没办法改变CEO，也没办法改变董事会。”

当时，杨致远本想与百度、新浪等搜索或门户网站合作，但最后他还是选择了做B2B的马云，马云也选择了杨致远。“马杨合作”在一片争议中尘埃落定。

马云说选择杨致远主要有三个原因：“第一，杨致远是中国人，我们都有着中国人的情结；第二，我觉得杨致远在中国7年中犯的错误和得到的经验和我一样，我们都明白什么错误不能犯。如果我选择了另外那些从来没有犯过错误或者自认为老子天下第一，想打谁就打谁的公司合作的话，双方就很难合作下去，所以找合作伙伴一定要找犯过错误的人；第三，我觉得雅虎的技术非常强，只不过在市场运作上稍差了点，而这是我们的强项，这次收购总共涉及17亿美元，不是 10个亿，雅虎中国的所有资产都给我了，包括设备、人才、品牌、技术。”

几个月后，马云对中国雅虎进行业务改版，将门户型网站改版为搜索型网站，像谷歌、百度一样突出搜索框，发誓要进军搜索市场。当时，马云得意地说：“雅虎3年上市。在中国，搜索就是雅虎，雅虎就是搜索。”

中国雅虎由门户转型做搜索，很快马云就遇到国内最强劲的对头——百度。2005年，李彦宏创建的百度在美国纳斯达克上市，获得了源源不断的发展资金，渐渐发展成为中国综合搜索巨头。

中国雅虎这只“大老虎”就没有这么幸运了，在Google、百度、搜狐、新浪等群狼的围攻下，中国雅虎的流量和排名急剧下降，搜索业务、广告业务、即时通信业务、无线增值业务等业绩也是“风光不再”，很多业务发生了“逆天”变化。中国雅虎在搜索方面敌不过Google、百度，在门户方面又逊色于搜狐、新浪，也不知道前途在何方，当时的中国雅虎已成为一头优势渐失、行将就木的“病虎”……

为了重振中国雅虎的“雄风”，2008年6月1日，马云让中国雅虎和口碑网合并，成立雅虎口碑公司。

马云说：“新组建的雅虎口碑公司将发展基于本地和全网搜索的生活服务的电子商务、社区和通信业务。现阶段，将为中国消费者打造一个最好的生活服务搜索。”

马云当时的想法是将阿里巴巴B2C业务、淘宝网C2C业务植入中国雅虎的搜索中，做成“电商导购”垂直搜索。

在IT世界纵横驰骋，马云鲜有败迹，因为他强调互联网产业的定位必须是第一、第二，没有第三。正是因为“勇争第一”的思想，马云的阿里巴巴能发展成为中国B2B第一平台，淘宝网C2C平台则逼着eBay公司退守台湾。当年“春风得意”的马云看到百度在综合搜索领域“开疆扩土”，就想借助中国雅虎，在“电商导购”领域做成电商第一垂直搜索。

可惜，中国雅虎早已“病入膏肓”，马云从杨致远手里接过来之后，虽然对其进行“变脸”改造，但是其内部瘀伤仍然无法医治。在Google、百度、搜狐、新浪等群狼的轮番围攻下，中国雅虎的搜索业务、广告业务、即时通信业务、无线增值业务节节败退，没有一个实现第一的突破，连第二也排不上。最终，中国雅虎沦为马云的包袱与心病。可见，马云要在门户网站上架上搜索和电商贸易模式，根本就行不通。

马云本想“以猛药去疴”，但中国雅虎还是“无力回天”，马云遂动了“关门打虎”——要关掉中国雅虎。

马云“打虎”

在对中国雅虎“动刀”之前，为了稳定军心，2012年1月，马云在阿里巴巴的内部邮件中说：“不管美国雅虎怎么变化、中国雅虎怎么变化，中国雅虎的300名员工都是阿里人，都是阿里的员工，这一点大家要清楚，我们保护你们。在未来3年集团要做到修身养性，建设生态环境，要做到公正性、透明性和稳定性。”

2012年7月至9月，阿里巴巴亏损2.45亿美元，归因就是阿里需要支付给雅虎高达5.5亿美元的技术使用费。中国雅虎自身亏损不说，还拖了阿里巴巴的后腿。对于马云来说，这只“病虎”已经发展到不得不杀的地步。

不过，马云心里清楚，要想关掉中国雅虎必须重获控股权，因为雅虎还拥有着阿里巴巴40%的股权。

2012年9月19日，马云豪掷76亿美元回购雅虎所持的股份。在交易中，雅虎放弃委任第二名董事会成员的权力，也放弃了一系列对阿里巴巴集团战略和经营决策相关的否决权。

在重获阿里巴巴控股权和经营决策权之后，马云决定分步关停中国雅虎，而中国雅虎邮箱业务“首当其冲”。

2013年8月19日，阿里巴巴宣布关停中国雅虎邮箱，用户的所有邮件和相关的账户设置都将被删除且无法恢复。马云的解决方案，就是建议原有中国雅虎邮箱用户注册并绑定一个全新的阿里云邮箱。

2013年9月1日，马云宣布关闭中国雅虎，不再提供资讯及社区服务，马云止损成功。中国雅虎原有团队将转做阿里集团公益项目。至此，阿里巴巴“骑虎”8年后，中国雅虎的原有业务全部不复存在。

根据当年的协议，马云在2005～2015年拥有中国雅虎的品牌使用权，却提前2年关停了中国雅虎，这让很多外界人“义愤填膺”。武松打虎，半醉半醒；马云“打虎”却是异常清醒，中国雅虎属于那种“不赚钱就很难活下来的产业”，打掉中国雅虎，才能保证阿里巴巴的健康发展。少年时代的铁木真为了保住食物、让全家人生存下来，果断地射杀了贪得无厌的兄弟，虽然有些残忍但不失公道。同理，马云提前关停中国雅虎，归根到底也是为了让阿里巴巴活得更久一些。

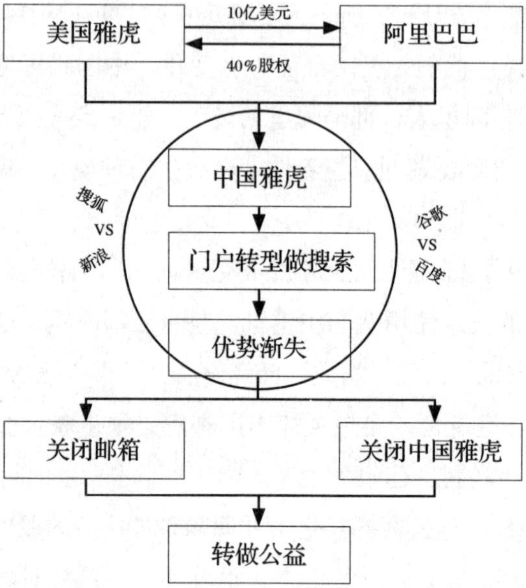

阿里巴巴“骑虎”记

当马云说出“我对中国雅虎没有要求”的话时，说明其对中国雅虎已不抱幻想，接下来就是要走一些清算程序罢了。马云先是花重金回购雅虎所持的股份，重新夺得阿里巴巴的控股权和经营决策权，接着分步关停中国雅虎，先关邮箱再关主站。其实，关掉中国雅虎，对美国雅虎和阿里巴巴都有利，马云可以“止损疗伤”，投入到移动无线领域发展，而杨致远也可以静心下来，好好研究一下在移动互联网时代“重回中国”的方法。

机会就在有人抱怨的地方

机会在哪里？我告诉自己，也告诉年轻人，机会就在有人抱怨的地方。当有人抱怨时，机遇也同时存在。尤其是在中国，每个人都在表达不满。当每个人都在抱怨的时候，机会就出现了。处理不满，解决存在的问题，如果你跟其他人一样抱怨，你也没什么希望了。所以当我听到别人埋怨时，我就会觉得很兴奋，因为我看到了机会，会想我可以为这做些什么。

这个世纪，如果想成为伟大的公司，必须要解决社会问题。中国的社会问题很多，我相信像我们这样的公司可以解决一些社会问题：首先就是创造就业；其次就是扩大内需，让农村和农民都富裕起来；最后，让中国的经济更好。

——2013年12月10日马云在韩国首尔大学的演讲

不知何时，“韩流”日渐盛行，以韩剧、韩装、韩语、游戏、整容为代表的韩文化无孔不入地影响着中国年轻一代。不过，这种情况在2013年底似乎有所改变，因为韩国的年轻人感受到了来自中国的、魅力无穷的“阿里巴巴文化”。而阿里巴巴文化的传播大使就是马云先生。

2013年12月10日，第二届中韩互联网圆桌会议在韩国首尔举行，马云受邀出席。

马云刚到韩国就用“来往”给“堆友”们发信息，开玩笑说：“刚刚到韩国，冷，下雨，空气还不错。本来想利用会议休息的半小时去整个容啥的，但仔细看了大家前几天对我照片的客观认真的评论，特别是大家对我照片的肯定，很是犹豫呀……”

马云一到韩国就跟“堆友”开玩笑说自己想去整容，但是又害怕如果自己变成了“千人一面”的韩国小年轻，把自己原有的“特色”整没了，就对不起“堆友”们的厚爱了。

每个人都有机会

2013年12月10日，马云受邀到首尔大学演讲，事先马云从来没有想过有这种安排。不过，这难不倒马云。马云是“老师式的领导”，他的演讲能力极强，只要让他提前2个小时准备，他就能做一场声情并茂的演讲。

很快，马云就站在台上，面对朝气蓬勃的韩国大学生流露出“诧异”的眼神，他说：“在中国，有淘宝、百度和腾讯，我们已经没有机会了？我想在韩国情况相同，每个人都会觉得，已经有这家公司了，我们该如何生存？10年前，我对比尔·盖茨也有同样想法，因为微软，我没有机会了；因为Google，我没有机会了。不是的，机遇无处不在。因为互联网，因为云计算，因为‘大数据’，这个世界上每个人都有机会。

“我对未来有期望，我知道终有一天，若我不努力工作，我不会有机会。过去的14年给我一个深刻的感触，我希望与所有认识的年轻人分享，今日很艰辛，明天会更困难，后天会很美好，但是大部分人会在明天的晚上死去。

“今天，当你还小时，想法要大，做事要细微。当你变得大时，要想到小的，多做点事。现在，我们阿里巴巴的发展规模这么大，要想到创造就业，帮助贫穷地区富起来，改变中国的环境。这是三项抱怨，也是三个机遇，就是在这里，任何人能解决这些问题，便可以长久活下来，简单又容易。但这些问题不可能一日解决，问题和机遇一样长期存在。”

马云向韩国年轻人传授的“阿里巴巴文化的核心”就是：一要相信未来机会无处不在，二要努力工作才有机会，三要解决社会问题才能长久存活。

马云的成功正是基于这三点。1999年，就是因为坚信互联网就是未来，互联网能改变这个世界，互联网的机会无处不在，马云才下海创办了阿里巴巴。在创业过程中，马云又不断以“湖畔精神”，激励阿里人努力奋斗、坚持不懈。阿里巴巴做大之后，马云又想着如何解决社会问题，要创造就业，要帮助贫穷地区富起来，要改变中国的环境。马云希望阿里巴巴不仅仅是一家大公司，而是要发展成为一家“伟大的公司”。

探索全球化之路

在首尔大学演讲期间，有韩国学生提问马云是否要进军韩国市场。对此，马云说：“我们现在并不需要在海外雇用很多员工，我们希望当地人首先自己想办法去创造成功。因为我们不会比韩国人更了解韩国的市场。也许未来10年、20年，我们会见证更多大公司的全球化之路，但是现在一切为时尚早。”

马云的言外之意是，韩国的年轻人完全有能力自己制作“韩国版淘宝”。因为这种做法已有成功案例：淘宝的俄文版，就是在北京的俄罗斯留学生创办的，他们把淘宝网翻译为俄文网页，供俄罗斯顾客浏览、选购。订单来了之后，留学生们在北京包装好商品，再运到莫斯科分销。

在首尔大学演讲的第二天，12月11日，马云还会见了多位韩国企业高管，这些企业包括三星电子、韩国电信公司和韩国最大的搜索引擎Naver公司。有报道称马云希望与三星合作研发“谷歌眼镜”（它具有和智能手机一样的功能）。一时间，引发外界对智能眼镜能否取代智能手机的热议。

“机会就在有人抱怨的地方。”有韩国学生抱怨马云在进军韩国市场时畏首畏尾，这就是韩国人的一个新机会。面对“小而复杂的韩国市场”，马云不可能像进军美国市场那样，凭借着全球速卖通“高举高打”，收购当地优势业务资源，一步到位地抢夺市场。

马云认为大企业若要进军韩国市场，最好实施本土化策略，“以夷制夷”，因为只有韩国人才更了解当地市场，当地的年轻人完全可以通过互联网创造属于自己的成功。如果马云的阿里巴巴去了韩国，由于不熟悉当地市场一不小心被“整容”了，认为靠着“漂亮的脸蛋”就能吃遍天下，渐渐失去了阿里巴巴原有的使命感和价值观，就根本无法解决当地的社会问题，最终会遭遇“国际化之殇”。

无线淘宝的目标就是消灭淘宝

我个人觉得手机将来会成为数据消费器，它真正改变了生活方式。如果说PC改变了我们工作方式、生产制造方式，无线互联网就是生活方式的变革。中国未来会因为无线互联网而发生天翻地覆的变化。阿里巴巴不是一家电商公司，它是帮别人做电商的公司，运行一个平台或者说生态。

我一直坚信，改变成功者是最困难的，因为每个成功者都有一大堆理由。为什么传统行业做不了互联网？很难做，因为你要革自己的命，这是非常难的。在座各位要想做互联网，不是你们做不了，最艰难的是你们要革自己的命，也就是你们要把原来的行业砸了。

淘宝现在还在做无线淘宝。另外一场革命就是无线。我们的目标是什么？消灭淘宝！就是我们给你一切资源，你只要把淘宝打败，我们就认为你过关了。

——2012年12月12日马云在中国经济年度人物颁奖盛典上的讲话

2011年7月的一天深夜，马云掏出一部阿里云智能手机，像刚购买新手机的年轻人一样用手指在大屏幕上“左右开弓、来回比画”，屏幕荧光照着他“独特”的面貌，他时而兴奋、时而沉思。这位日理万机的阿里巴巴CEO马云忙里偷闲，正亲身体验云手机上面的各种应用。他不停地“玩转”着手机版支付宝、淘宝网、淘画报、云聊、云搜索、云邮和云空间……时间不知不觉地过去，这是马云第一次玩手机超过15分钟。让马云欣慰的是，阿里巴巴在无线互联网领域布局3年，终于有了“看得见摸得着的产品”。

开发阿里云手机

在移动互联网时代，像百度、腾讯等互联网巨头都饶有兴味地“玩机”，企图分上一杯羹。阿里巴巴的马云也不甘落后，在2009年4月成立了淘宝无线事业部，开始进军移动互联网领域。马云说：“阿里无线团队的职责就是灭了淘宝。”

2009年5月，淘宝牌手机项目正式启动。由于阿里巴巴没有手机生产技术，所以需要寻找手机厂商合作。不久后，联想、中国电信和TCL等厂商纷纷与阿里巴巴合作，推出淘宝牌3G定制手机。

有了硬件还不行，还需要操作软件。于是马云又开始督促阿里无线团队研发阿里云手机操作系统。2012年7月25日，阿里巴巴正式发布阿里云智能手机操作系统，将其命名为阿里云OS。阿里云OS手机操作系统，支持着阿里巴巴旗下多个手机应用产品，包括手机版阿里巴巴、淘宝网、聚划算等。

阿里巴巴大张旗鼓地发展阿里云手机，硬件、软件双管齐下，3年后就有了成熟的阿里云手机。接下来就要在全球范围内进行宣传推广。不料，这时杀出一个“拦路虎”——美国搜索巨头谷歌。

“沉舟侧畔千帆过，病树前头万木春。”这是一个变化的时代，一个不断新陈代谢的时代。这个时代，数码相机消灭了胶卷相机，数字电视消灭了有线电视，无线网络消灭了有线网络。哪个企业没有跟上时代步伐，没有“革自己的命”的勇气，最终就会被别人革了命，被市场淘汰。

美国柯达公司的下场就是一个铁例，在数码时代的“滔滔洪流”中，拥有百年历史的柯达故步自封，死守影像胶卷业务而没有持续开发数码相机业务，结果市值日渐萎缩，最终“轰然倒塌”。马云很早就意识到“中国的未来会因为无线互联网而发生天翻地覆的变化”。于是，马云组建了淘宝无线事业部，做出最艰难的抉择，打算要“革自己的命”，因为“阿里无线团队的职责就是灭了淘宝”。

谷歌“从中作梗”

2012年9月13日下午，阿里巴巴与宏碁计划在上海举行新闻发布会，面向全球推广一款智能手机，里面装载着阿里巴巴自主研发的阿里云操作系统。

当天，工作人员积极地进行会场布置，新闻记者带着“长枪短炮”引颈以待，马云也在准备新闻发布会演讲的要点……让人没有想到的是，就在该发布会正式开始前一小时，它突然被“叫停”了！

9月13日晚间，阿里巴巴发出一份声明解释说：“因为我们的合作伙伴（宏碁）受到来自谷歌公司的直接压力，原定于今天下午举行的搭载阿里云操作系统的新款手机发布活动被临时取消。”

原来，谷歌认为阿里巴巴的阿里云OS手机操作系统，可能是基于Android（安卓）操作系统进行的二次开发，而并非自主研发，因此对阿里巴巴“耿耿于怀”。

当时，中国台湾的宏碁公司正在运用谷歌Android的相关技术授权，有“把柄”在谷歌手里。于是，谷歌就想到了要“借刀杀人”，借故施压于宏碁，给阿里巴巴来个“下马威”。当时，谷歌威胁宏碁公司，如果宏碁公司在新产品上搭载阿里云操作系统，谷歌公司将会解除与宏碁公司在Android产品上的合作和相关技术授权。

对于谷歌“仗势欺人”的做法，阿里巴巴只能表示“遗憾”。马云之所以选择与宏碁合作推广阿里云手机，主要看中了宏碁较强的全球业务。因为该公司的业务范围已辐射到北美、欧洲、中东、澳大利亚、印度、非洲等地。面对谷歌的重压，宏碁“被逼就范”，不得不放弃新闻发布会，打起了退堂鼓。

马云原本想借宏碁的全球经销网络推广阿里云手机，由于谷歌“从中作梗”，现在只能寻求新的发展路径。

几个月后，2013年4月15日，马云推出全新的商业策略，继续进军移动互联网领域，那就是一手实施“免费策略”，一手进行“生态系统建设”。所谓“免费策略”就是宣布阿里云手机操作系统免费，所有智能手机厂商、用户均可免费下载、免费应用。所谓“生态系统建设”就是阿里巴巴与国内多家厂商合作，推出各种款式的阿里云手机，并在天猫、淘宝、聚划算上实行“零元购机计划”。

不久后，阿里巴巴与卓普、夏新、基伍、康佳、小辣椒等国内手机厂商合作，推出形态各异的阿里云手机，成功避开了谷歌公司组建的开放手机联盟的成员，获得了全新的发展空间。

商场如战场，做企业就要面临竞争。虽然阿里云手机自称拥有“自主知识产权”，但是强势的谷歌还可以通过打压宏碁公司等的开放手机联盟成员来制约阿里巴巴进军移动互联网领域。不过，马云习惯于“在别人的刀架之下杀出来”，见到谷歌“从中作梗”，马云决定利用淘宝网最厉害的一招“免费策略”。因为正是这一招打退了美国eBay公司。阿里巴巴还有最厉害的一招就是打造电商“生态系统”，因为这一招让阿里巴巴成为全球最大的采购批发平台。

很多安卓设备制造商都知道，虽然安卓系统免费，但谷歌服务仍需要授权费。有报道称谷歌每个季度预收的授权费高达 1 亿美元。现在马云通过实施完全免费的策略，让阿里云OS手机操作系统迅速普及。同时，阿里巴巴还与国内中小手机厂商合作推出更多款型的阿里云手机，“运行一个平台或者说生态”，让谷歌的“围剿”不攻自破。

新经济＝实体经济＋数字经济

真正的新经济就是实体经济和数字经济的完美结合。任何今天所讲的，说大家发展实体经济，不要发展数字经济都是错的。数字经济把自己说得很高，把实体经济说得很烂也是错的。真正的新经济就是虚跟实的完美结合。只有实体经济成长了，数字经济才有真正的数字。

——2012年12月12日马云在中国经济年度人物颁奖盛典上的讲话

2013年12月6日，马云来到青岛的海尔集团总部。海尔集团总部耸入云霄的海尔大楼，四根红色的擎天巨柱格外醒目。很快，马云就和张瑞敏来到镁光灯下，共同签署了阿里巴巴与海尔的战略合作协议……

阿里巴巴结盟“海尔兄弟”

根据协议内容，阿里巴巴对海尔集团子公司海尔电器进行28.22亿元港币的投资。在交易中，马云花9.65亿港币获得海尔电器2%的股份，再花18.57亿港币获得海尔电器旗下日日顺物流34%的股权。

对于这次合作，马云认为阿里巴巴是理想主义者，对赚钱不感兴趣，反而对海尔的管理十分感兴趣。马云说：“阿里和海尔有很多相同的地方，阿里的理想主义色彩更强一点，对自己做事情的最终意义的兴趣很大，对赚钱的兴趣并不高。我看到张总（张瑞敏）对管理方面是真正投入的，专注地在研究和思考。很多人管理是为了赚更多的钱，而我们这些人则是针对管理本身，它对人的成长、人的发展、组织的建设的价值非常大。”

张瑞敏认为通过这次合作，海尔可以获得阿里巴巴“生态系统”中的交互用户，因为企业只有创造用户，才能赚钱。张瑞敏说：“企业根本的宗旨不是赚钱，而是创造用户。所以海尔研究了一个两维点阵，一个是纵轴，一个是横轴。横轴就是量化目标。但是纵轴，完全是看你怎么创造用户，在互联网时代就是交互用户。”

重物流轻制造

在这次投资中，马云注重投资的是海尔的物流业务而不是电器制造业务，这说明马云十分重视物流。因为在2013年5月28日，马云刚卸任阿里巴巴CEO不久就出任菜鸟网络董事长，还启动了“中国智能物流骨干网”项目。为了完成这个大项目，马云需要吸纳更多优秀的物流企业加入到“中国智能物流骨干网”项目当中去。

海尔电器旗下的日日顺物流，是首个品牌价值过百亿的物联网品牌，其在网点铺设、大件商品配送和售后服务等方面都做得比较好。日日顺物流在全国拥有7600多家县级专卖店，26000个乡镇专卖店，19万个村级联络站，还在中国2800多个县建立了物流配送站，可以实现配送、安装、售后等整体服务。

由于网点多、服务质量好，所以日日顺物流成了马云“心仪已久”的投资对象。

如果说马云投资华谊、投资新浪是“不务正业”的话，那么马云投资海尔，可以说是互联网企业“夯实基业”的典范。按照马云的话说，那是要发展“新经济”，因为“真正的新经济就是实体经济和数字经济的完美结合”。在这个合作中，马云和张瑞敏都说不是为了赚钱，其实双方都达到了各自的战略目标。

现阶段，电子商务发展的瓶颈问题，就是严重滞后的物流业。马云曾经坦言：“在电子商务刚开始发展的时候，支付跟不上，现在支付宝发展起来了，物流又遇上了大问题。淘宝一年可以做1万亿，但是做不到4万亿，主要原因就是物流。”在这次投资中，马云主投物流产业少投电器制造，说明马云通过入股日日顺物流的方式，逐步解决电子商务中“物流不力”的局面。而在此次合作中，张瑞敏不仅得到了巨额发展资金，还得到了来自阿里巴巴、天猫、淘宝网等平台的网商客户，可谓是一举多得，完全吻合海尔集团“人单合一”（员工+用户）的管理核心。

上市的地方必须支持阿里巴巴的文化

对阿里巴巴而言，做大做强比上市更迫切，与其迫于竞争压力和舆论压力被动上市，不如不上市。

就像当年上市是阿里巴巴发展的起点而不是终点一样，今天的私有化也绝不是终点，而是一个新的起点。B2B的同事们，全体阿里人，我们身上肩负的责任没有变。我们要继续服务中小企业，要真正实现“让天下没有难做的生意”，我们就必须改变自己。

各位阿里人，我们不一定会关心谁来控制这家公司，但我们关心控制这家公司的人，他必须是坚守和传承阿里巴巴使命文化的合伙人。我们不在乎在哪里上市，但我们在乎我们上市的地方，必须支持这种开放、创新，承担责任和推崇长期发展的文化。

——2012年2月21日马云给阿里人的内部邮件

“百变”的马云在年会上的造型可谓是雷倒不少人，一会儿是头戴鸡冠、披头白发的朋克造型，一会儿是娇小可爱的白雪公主形象，一会儿成为太极拳师自我陶醉地打起陈式太极，一会儿练书法，一会儿唱几首动情的流行歌曲。

马云除了造型百变之外，在上市问题上的变化也让很多人摸不清头脑。因为，马云在阿里巴巴的上市问题上，先是分拆上市，接着又私有化退市，现在又在为整体上市做积极准备。这到底是怎么回事？

在香港主板上市

阿里巴巴成立8年之后，马云给大小股东带来一个无比欣喜的消息——“阿里巴巴B2B业务要上市了。2007年11月6日，阿里巴巴B2B业务成功在香港主板上市，开盘价30港元，编号为01688.HK（后来该编号被用于阿里巴巴中国站域名——1688.com）。

其实，在阿里巴巴上市之前，就安排有一周公开发售的时间，结果引发了全球机构和大小股民的“疯狂追逐”。

面对“汹涌而至”的股民，马云亦是“激情路演”：“我们不会对股价高有任何压力，对阿里巴巴未来充满信心。投资者可以炒我们，我们也可以换投资者。我想投资阿里巴巴就是投资中国的未来，我坚信中国的经济在未来的过程中，中小企业和私有经济会有很大的发展。”

2007年10月22日至26日5天内阿里巴巴创造港股认购的奇迹。当时，阿里巴巴冻结资金高达4500亿港元，超额认购逾258倍，创造香港股市冻资最高纪录。在国际配售方面，阿里巴巴获得1.4万亿港元认购，1000多个机构投资者的疯狂参与，相当于186倍的超额认购。机构认购与公开发售两项合计，人们对阿里巴巴的认购金额近2万亿港元。

阿里巴巴上市后，成功融资约17亿美元，成为史上最牛的“造富机器”之一。至少有1000名阿里巴巴员工一夜之间成为百万富翁，有300名员工成为千万富翁。这一举刷新了中国互联网公司上市制造百万富翁数量的记录。

上市获得的巨大财富，让马云及其创业团队，两大股东雅虎和软银，赚得盆满钵满。

私有化退市

5年后，为了加快对阿里巴巴B2B业务模式的转型和升级，马云提出了私有化计划。为了确保合法性，马云召开了阿里巴巴网络股东大会，专事专议。

2012年5月25日，在阿里巴巴网络股东大会上，有95.46%的股东投赞成票通过“阿里巴巴B2B业务私有化计划”。在取得股东大会同意之后，马云又提交注册地法院批准。因为阿里巴巴网络有限公司的注册地为开曼群岛，所以要提交给开曼群岛大法院批准。

2012年6月15日，开曼群岛大法院批准阿里巴巴网络有限公司私有化计划，撤销阿里巴巴网络有限公司在香港联交所的上市地位，并规定于2012年6月20日下午4时生效。

根据公告，阿里巴巴集团提出以每股13.5港元的价格回购上市公司约26%的股份，预计将耗资20多亿美元。

对此，马云说：“随着国际国内经济环境的进一步严峻，特别是中小企业在面临原材料、汇率、劳动力成本等巨大压力下，B2B的业务模式面临着巨大的挑战，需要加快转型和升级。此次业务升级涉及面广，系统复杂，规模巨大。局部的小调整已经没有办法对B2B进行根本性的完善。

“正是出于以上的思考，出于对B2B股东负责，促使我们下决心把B2B私有化，对业务进行全面的调整、改革和升级，以期更好地服务我们的客户。

“有人说我们上市的时候只融了17亿美元，但私有化要花去20多亿美元，看起来是个赔本的生意，有人建议我们可以用低一点的价格把股票买回来。但这不是阿里巴巴的风格。对于一直努力着的B2B同事和一贯支持我们的股东，我们都心存感激。”

阿里巴巴退市后，马云开始“修身养性”，这一系列的动作包括回购雅虎20%股权、将公司分拆成“七剑”事业群等。

阿里巴巴退市，一度引发部分股民的不满，因为“摇钱树”一下子没有了，这让很多股市投机者很不爽。马云是一个特立独行的企业家，他始终坚持“客户第一，员工第二，股东第三”的信条，所以阿里巴巴“承诺的不是股价，承诺的是业绩，承诺是帮助了多少客户”。

2012年欧债危机波及全球，在国际、国内经济环境进一步恶化的情况下，马云需要对阿里巴巴B2B业务进行大调整，而且业务升级涉及面广，系统复杂，规模巨大。上市公司的“慢动作”，不能适应马云“拥抱变化”的灵活性与果断性。所以，马云决意私有化。私有化之后阿里巴巴的使命没有变，变化的只是阿里巴巴的组织架构和业务布局。

重启整体上市计划

就在外界认为阿里巴巴“一去不复返”的时候，马云却来了个“回马枪”。2012年6月，马云又宣布启动阿里巴巴集团整体上市计划，上市地点暂不确定。

根据与大股东雅虎的约定，阿里巴巴要在2016年之前完成上市。“急功近利”的雅虎为激励阿里巴巴尽快上市，还约定：如果阿里巴巴在2015年前上市，就可再回购10%的雅虎所持股权。在阿里巴巴集团中，马云仅持有阿里巴巴7.4%的原始股股权，加上其管理团队总共才持有10.4%的股权，而日本软银和美国雅虎手中持有六成以上的股份。所以，马云也要想尽办法回购股份。

不过，阿里巴巴以“合伙人制度”向港交所申请重新上市时，却遭遇了“不符点”（不符合相关规定）。

按照马云制定的“合伙人制度”，阿里巴巴合伙人有权提名超过一半的董事进入董事局。因此，马云及其管理团队虽然所占的股份少，但是仍能借董事局掌握阿里巴巴的控制权。

不过，按照当前港交所对上市公司的要求，应该以股权决定控制权。这意味着，阿里巴巴管理层在公司上市后将失去控制权，这是阿里巴巴的创始人马云所不能接受的。

既要保证创始人马云及其管理层对阿里巴巴集团的控制权，又要保证阿里巴巴集团整体上市，至此，阿里巴巴整体上市的道路或许只有两条路可选：一条路是与港交所重新谈判，希望阿里巴巴的“合伙人制度”能得到香港证监会及港交所的“谅解”；另一条路，就是直接登陆接受双重股权结构的美股市场。

为此，马云说："我们不一定会关心谁来控制这家公司，但我们关心控制这家公司的人，他必须是坚守和传承阿里巴巴使命文化的合伙人。我们不在乎在哪里上市，但我们在乎我们上市的地方，必须支持这种开放、创新，承担责任和推崇长期发展的文化。"

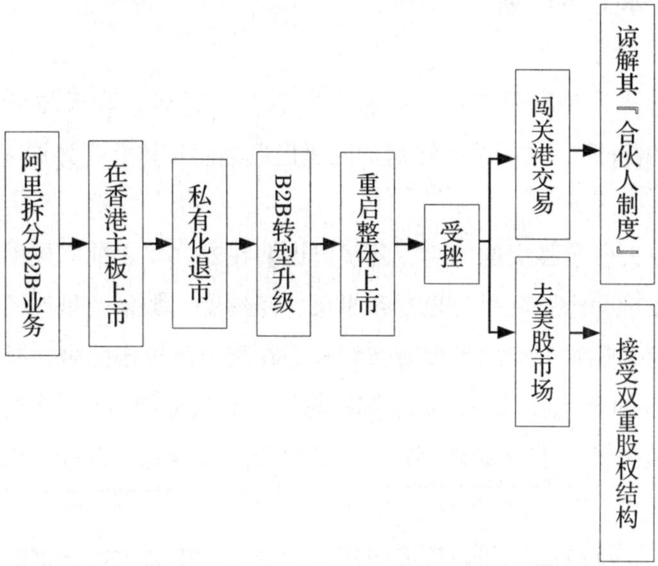

阿里巴巴的上市、退市及其重新上市的可选路径

阿里巴巴何时上市？如果上市，在香港还是纽约？对于上市地点，马云不再关心，马云更关心的是如何坚守和传承阿里巴巴的"合伙人制度"，虽然这种制度与某些交易所的上市规定有冲突，但是那是阿里巴巴得以发展壮大的组织制度。如果没有了"合伙人制度"，没有了阿里巴巴的文化和价值观，那么上市有什么意义。即使上市成功融资，喧嚣热闹一阵之后，阿里巴巴已变成了另外一个阿里巴巴，其前途和命运同样令人堪忧。

在马云看来，无论上市还是退市都不是阿里巴巴发展的终点，而是一个又一个新的起点。未来，无论是转战移动无线领域，还是转战大数据领域，阿里巴巴都会"破茧重生"，继续服务中小企业，真正实现"让天下没有难做的生意"。

未来的电子商务＝平台、金融和数据

我们不是想占有这些数据，数据假如说不是用来分享的，数据就是一堆数字，一点意义都没有。为了我们自己，也为了我们下一代的商人，我们必须去思考这些问题，并且从今天开始去努力。不要害怕你失去什么，你要害怕的是你给了别人的东西是假的，或者没有给别人东西。所以，这是我们未来要发展的三个阶段——平台、金融和数据。

大家还没搞清PC时代的时候，移动互联网来了，还没搞清移动互联网的时候，大数据时代来了。

——2012年9月9日马云在第九届网商大会上的演讲

在现代战争中，信息作战平台、军备保障和GPS卫星定位精确打击系统至关重要，美国就是靠这三样称霸全球。同理，在电子商务领域，电商网站平台经济如同信息作战平台，金融体系如同军备保障，“大数据”如同GPS卫星定位精确打击系统，企业只有发挥三者的“合力效应”才能活得更久。

2012年9月9日在第九届网商大会上，马云宣布从2013年元旦开始，阿里巴巴将根据电子商务发展趋势启动全面转型，主推平台、金融和数据三大业务。

电子商务转型发展

马云说：“阿里巴巴第一块业务是平台战略，我们内部称为‘七剑下天山’。以阿里巴巴国际站、阿里巴巴内贸站、一淘、淘宝、天猫、聚划算、云计算，我们称为内部的‘七剑’，建立平台经济，为所有的小企业建立一个充满机会的平台。

“第二块业务是金融战略。如何让那些诚信的网商富起来，邓小平说让部分人先富起来，我们希望是让诚信的网商富起来，阿里巴巴真是希望让信用等于财富。所有人都有自己的难处，所以阿里准备全面挺进金融，不是因为我们想挣更多的钱，而是我们觉得在这个时代，我们需要用互联网的思想和互联网的技术去支撑整个社会未来金融体系的重建。

“第三块业务是数据战略。大量的数据可以告诉我们，世界经济在发生什么，中国经济在发生什么。假设我们也有一个‘气象预报台’，给国家宏观控制、给当地政府宏观控制、给主要机构宏观控制以指导，为每个小企业装上一个GPS，为每条船装上一个雷达。我们相信死亡率会大大降低，因为数据将会影响着世界。”

这是一个变化的世界，PC时代正退去，移动互联网刚出现，大数据时代又杀到了。所以，很多研究机构和企业都在打“数据”的主意，做起了“数据库营销”。不过，很多数据建立起来之后，不是用来共享而是成了它们敛财的工具。马云认为发展“大数据”战略的意义在于“用来分享”，如果没有分享，数据就是数字，不能解决什么社会问题。

平台、金融和数据

高瞻远瞩的马云判断未来电子商务发展趋势，就是“平台经济+金融体系+大数据”。为此，阿里巴巴做了调整，从2013年开始，马云动作频出。

首先，投资新浪微博，加强“平台经济”建设。2013年4月29日马云以5.86亿美元购得新浪微博公司约18%的股份。

马云既喜欢玩“来往”也喜欢玩微博，他在新浪微博的身份是“大自然保护协会—马云”，其粉丝有近1500万之众。马云投资新浪，力挺社交化商业平台，可以说为阿里巴巴平台全面社交化“探路”。

其次，入股高德地图，弥补“大数据”战略的短板。为了解决客户对“地图标注”的需求问题，马云决定入股高德地图，让所有中小企业更好地定位自己，真正装上“雷达”。2013年5月10日下午，阿里巴巴集团向高德软件公司投资2.94亿美元，获得高德约28%的股份，一跃成为高德软件的大股东。

截至2012年底，高德地图占据中国手机地图市场份额第一名，占比为29.6%（百度地图占比20.3%，屈居第二）。高德的地图业务范围包括互联网和移动互联网、车载导航、政府和企业应用等领域。阿里巴巴成功入股后，一步到位地获得了高德地图庞大的客户群，以弥补阿里巴巴没有“地图标注”的短板。

最后，发力支付宝手机支付，构建新金融体系。由于微信红包在2014年春节期间对支付宝实施“珍珠港”式的偷袭，这让马云高度警觉，并组织全面反攻。很快，马云督战，在手机上重点推广“支付宝钱包”，实施支付宝的“全场景支付计划”，“支付场景”先后扩展到淘宝购物、天猫购物、转账、信用卡还款、代缴水电煤气费、打车、自动售货机、便利店、电影院线、购买火车票等方面。此外，从2014年2月13日起，支付宝全面停止受理微信商家的支付宝通道合作。

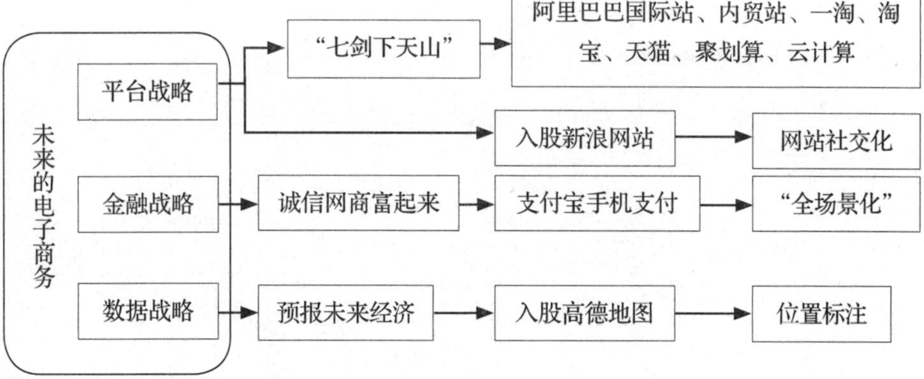

马云布局未来的电子商务

到目前为止，微信还主要做社交化应用，根本无法撼动支付宝这座“喜马拉雅山”。截至2013年底，支付宝手机支付完成交易超过 27.8亿笔，交易金额超过9000亿元。支付宝已成为全球最大的移动支付公司。

马云入股新浪，阿里巴巴转型做社交化平台已“大白于天下”。马云入股高德地图，也离不开阿里巴巴的使命，是要解决中小企业对“地图标注”的迫切需求。斯巴达有句名言：“斯巴达人从来不问敌人有多少，只问他们在哪里。”说明勇猛的斯巴达虽能以少胜多，但是拥有“地利”也十分重要。在希波战争中，斯巴达三百勇士利用温泉关“一夫当关，万夫莫开”的地形阻止波斯大军进犯。同理，在大数据时代，商人十分看中“地图选址”，因为商家一旦占据了良好的经济地理位置，虽然规模小却能战胜强大的“海外军团”。

赢得现代战争也离不开“枪杆子、笔杆子和钱袋子”。对于阿里巴巴来说，“枪杆子”就是各类商贸平台，“笔杆子”就是文化和价值观，“钱袋子”就是以支付宝为核心的金融体系。现在，支付宝是马云手里最大的竞胜“王牌”，因为它的交易额让世人震惊。截至2013年底，支付宝累计约有1500亿美元的交易额，而美国核动力航母编队 1 年的花费仅为360亿美元左右。

第5章

炼心，怎么修

修炼

强者心态

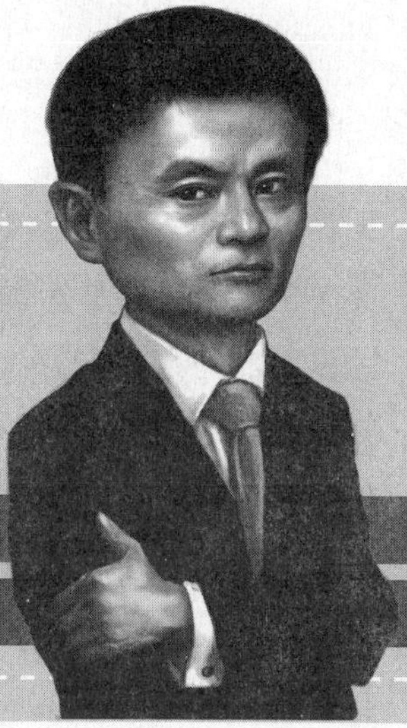

炼　心

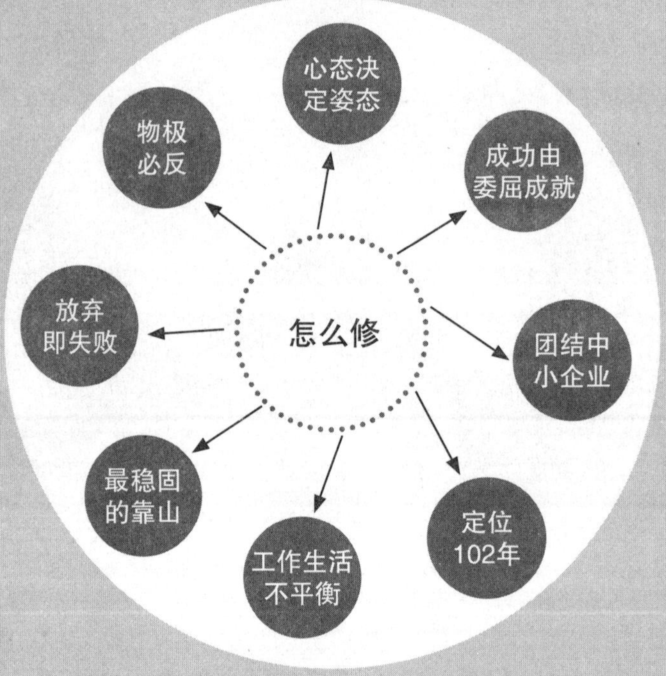

怎么修
心态决定姿态
成功由委屈成就
团结中小企业
定位102年
工作生活不平衡
最稳固的靠山
放弃即失败
物极必反

心态决定姿态，姿态决定生态

有三件事，我觉得挺重要的——心态、形态和生态。心态影响形态，形态影响生态。今天，中国的生态现状就是中国社会心态的体现。浮躁导致这一切。而心态的破坏，一定会导致你的形态就乱了。我学太极拳，就是希望学习心态。企业管理就是形态。这个社会生态，只要心态好了，里面调好了，就会慢慢好起来。

我们不在乎你捐多少钱，你做多少事情，而在乎你影响边上的人，变成大家的行动。我希望大家开始慢慢体会，建立属于我们这个组织的文化，建立属于我们这个公益组织的味道和形式。

——2013年5月11日马云就任中国TNC理事会主席时的演讲

看着绿色森林、吸着天然氧吧、听着白鹭对鸣、游着清澈溪水……已成为现代都市人难以奢求的梦想。因为现在的环境很糟糕，多个城市被泥雪、雾霾所困，PM2.5持续超标，新生儿先天缺陷病例逐年增多，环保局局长也被请“下河游泳”……

马云从卸任阿里巴巴CEO之后，勇于担当，牵头以“公益的心态、商业的手法”做起了环境保护项目。

“稀里糊涂”加入TNC

2009年，在阿里巴巴成立10年之后，热衷公益的马云加入大自然保护协会（TNC）中国理事会。一年后，2010年4月16日，马云“稀里糊涂”加入大自然保护协会全球董事会，成为该董事会中的第一位中国人。

当时，马云还没有搞清楚TNC到底是干什么的，仅凭着满腔热情就进去了。有一次，马云参加全球董事会在芝加哥的会议。会议比马云想象的要长。马云开了三天的会，感到非常累，因为他自己听不懂与会者在讨论些什么问题。不过，马云发现一个现象，这个组织里有很多优秀的企业家，他们每天喝着冷水、啃着面包，每天都在那里热火朝天地讨论着一些与自己“毫无关系”的环境保护项目。

马云当时很感动，心想：这帮人，一会儿说非洲的项目，一会儿谈南美的项目，他们各抒己见、出谋划策……在外界看来他们简直是一些“无聊的疯子”，为什么要去讨论那些跟自己没有多大关系的事情呢？在商不言商，真是咄咄怪事。

其实，大自然保护协会已有60多年的发展历史，它的保护足迹已经遍及拉美、亚太、北美、非洲等多个地区，在30多个国家和地区保护着40多万平方公里的生物多样性热点地区和总长为8000多公里的河流。早在1998年TNC就进入中国，并在保护地、淡水、气候变化等多个领域建立实地保护项目。

加入TNC没多久，马云就爱上了大自然保护事业。

马云是一位具有强烈社会责任感的企业家，一开始他像其他企业家一样“稀里糊涂”，搞不清楚TNC是干什么的，后来才知道它是一个公益组织，是专门保护环境的。在1995年，杭州一家电视台曾经做过一个测试，叫人到马路上去撬开井盖，看有没有路人站出来制止。那天唯一一个站出来制止的人，就是马云。可见马云拥有很强的社会责任感。

18年前，创业不久的马云站出来是为了维护社会正义，保障路人的安全。18年后，历经商海百战的马云，又站出来保护环境，他现在的身份是中国TNC理事会主席。如果企业家没有社会责任感，企业就没有社会责任感，也做不成“企业公民”，当然就不会做这些“与自身利益无关”的事情了。

出任中国TNC理事会主席

就在马云卸任阿里巴巴CEO之后的第二天，2013年5月11日，马云就出任中国TNC（tnc.org.cn）理事会主席，并发表激情演讲。

马云说：“今天在中国，TNC可以做的事情很多。首先，我们要成为一个中国真正优秀的公益组织。其次，我们还希望扩大TNC会员组织。

“再次，TNC要在中国做两件大事：一是关注，二是行动。只要关注和行动，你就能够去改变它。Yes，we can. 我们是可以改变被破坏的环境的。美国曾经这样过，欧洲这样过，日本这样过，台湾这样过，很多国家和地区都这样过，最后它们变了，我们也是可以变的。

“最后，我们的理事会需要进一步完善。现在里面有很多企业家，我们还可以增加科学家和社会活动家。企业家要学会怎么样务实、有效地把事儿干出来，科学家要告诉我们怎么把事儿做正确，社会活动家帮助我们沟通，有时候，这些事儿企业家去做，效果反倒不好。”

马云做了中国TNC理事会主席之后，并不是“光说不做”，而是马上说服更多的中国企业家共同参与环境保护的公益活动。2013年5月，马云宣布将和中国几位企业家一道，为中国全球保护基金筹集1500万美元，投入到肯尼亚、巴西等发展中国家的绿色计划当中去。

富有社会责任感的马云，为了做好环保，不仅要做“筹款的大事”，还做一些“教化民众的小事”。

2013年12月31日早上，马云和爱人开车行驶在杭州西湖北山路上。马云透过车窗欣赏着精致而大气的西湖之美，只恨自己是“太极拳师”而不是文人骚客，要不然就能即兴作几首诗……突然前面一辆车从车窗里“嗖”的一声扔出一个牛奶盒子，牛奶四溅开来，洒了一地。马云大怒，迅速开车超越，并在前方停下。马云下车后喝停那辆车：“你们刚才谁扔了牛奶，快去处理干净。”

那辆车里面坐着三个人，他们先是一愣，然后就抵赖。最后，司机认出马云，就态度缓和地说：“哎呀，您是马先生吧？真是对不起，我们马上去处理干净。”

马云对他们说：“对不起的不是我，而是这美丽的环境！”

霎时间，那几个人羞愧不已……

在马云看来，企业做事的心态很重要，应该以“公益的心态、商业的手法”做事，而不是以“商业的心态、公益的手法”做事。马云接棒中国TNC理事会主席后，认为中国TNC应该做好三件事：一是将中国TNC打造成为优秀的公益组织，树立公益品牌；二是呼吁更多中国人关注环境并积极行动起来；三是完善理事会组织，引入更多企业家、科学家和社会活动家。这就是以“公益的心态、商业的手法”来做事的典范。

“公益的心态”，就是要放下“在商言商”的浮躁与功利，放弃利益交换的惯用模式，真心为环境保护做点好事、实事。“商业的手法”，就是要建立一个环保“生态系统”，通过中国TNC这个平台整合资源，吸引更多的中小企业参与进来，共同改变已经被破坏的环境。马云做公益并不是一个人在战斗，2013年9月1日关停中国雅虎业务之后，中国雅虎原先的员工大多数转为从事中国TNC公益活动。

成功是委屈成就的

人生在世，注定要受许多委屈。面对各种委屈，你要学会一笑置之，你要学会超然待之，你要学会转化势能。只有这样，你才能在隐忍、原谅、宽容中成长壮大。男人的成功更是委屈成就的。如果你没有成功，只说明一点：委屈还不够。人要感谢正在经受的委屈。

大善乃大恶，大恶乃大善。你在做这件事情的时候，你心里明白，什么时间你能补回来。没人愿意承担支付宝万一拿不到牌照的责任。我承担了，就被扣上不尊重契约精神的帽子。

——2011年10月20日马云在香港出席AsiaD大会时的演讲

2011年6月13日，马云坐在从美国飞回中国的飞机上，飞机引擎呼啸着，警示灯一闪一灭。此时此刻的马云心情颇不平静，因为国内媒体正在炒作“支付宝股权转移”的问题。

有媒体称马云为了申领牌照，绕过雅虎、软银两个大股东，将支付宝“占为己有”，此举有违契约精神。随后不明真相的人士争相热议，近乎达到“众口铄金，积毁销骨”的局面。马云受了“委屈”，决定第二天在杭州召开媒体见面会澄清事实真相。

在见面会上，马云说：“央行的规定，如果有外资结构，就要上报审批。如果支付宝没有在第一时间拿到牌照，支付宝就变成非法的了。在申报牌照的第二天，我们就通报了董事会。直到今天我们还在进行股权补偿的讨论，但媒体和评论家把事情搞复杂了。我做出了一个艰难的决定，也许它并不完美，但它是正确的。”

“协议控制”不能领牌照

马云所说的“艰难的决定”，就是全资回购支付宝股权，将支付宝公司转为全内资企业，争取拿到牌照。

2009年6月，阿里巴巴以1.67亿元收购支付宝的70%的股权，占有绝对控股权。但央行规定只有全内资企业，才能发放第三方支付牌照。于是在2009年8月，马云又以1.65亿元收购支付宝剩下的30%的股权。

至此，阿里巴巴获得支付宝的全部股权。不过，上述两次股权转移，都处在“协议控制”之下。虽然马云通过阿里巴巴控制了支付宝，而外资企业美国雅虎、日本软银等大股东则通过协议控制着阿里巴巴。

因为支付宝触及金融敏感地带，央行为了加强对网上支付业务的管理，在2010年6月发布了《非金融机构支付管理办法》。办法规定：外资的支付业务范围，境外出资人的资格条件和出资比例，由中国人民银行另行规定，报国务院批准。由此说明，外资股东“协议控制”的支付宝，不能按照正常的渠道申领牌照，而必须报国务院批准。

经商多年的马云是一位“深谙国情”的人，有时候政策风险比市场风险更加难以预计，所以马云不愿去冒这个险，而是要按照央行的规定办理。

当时马云心想：“牌照问题不能怀有侥幸心理，如果央行公开的首批第三方支付牌照中没有支付宝，还需要上报国务院的话，那么整个事情就搞大了，未来是什么样子都不一定了。按央行的规定，外资不能‘协议控制’支付宝，否则必须上报国务院，走特殊通道。如果支付宝还要坚持‘协议控制’，那就是‘知法犯法’了。”

为了让支付宝尽快获得牌照，成为合法的网上支付工具，马云决心与大股东进行沟通。当时，美国雅虎的杨致远很早就接受了支付宝转移的决定，而日本软银的孙正义则坚持认为支付宝可以通过“协议控制”方式绕过央行的相关规定。

在多次沟通中，孙正义都采用避而不谈态度。马云说：“我们和孙正义、杨致远都有否决权，如果孙正义不同意支付宝转移，他为何不否决？此外，每次谈到支付宝的问题时，谈不到一分钟，孙正义就会离开。”

后来的“事实真相”是，马云为了让支付宝获得第三方支付牌照，成为合法的网络支付工具，所以转移了支付宝的股权。然而，此举违背了日本软银大股东“协议控制”支付宝的意志。

企业有三大风险：市场风险、经营风险和政策风险。有时候政策的杀伤力要猛于市场风险、经营风险，因为市场风险、经营风险企业可以设法规避，但是政策风险企业却“无能为力”。

很多时候无牌照即非法，所以马云要为支付宝庞大的用户着想，而不能为单个大股东着想，更何况马云崇尚“客户第一，员工第二，股东第三”。在申领牌照中，虽然阿里巴巴是家大公司，支付宝有着惊人的交易额，但是仍不可能借此“与国家谈判”，所以要按相关规定办理。对于政商关系，马云曾经说过：“无论你在哪里，政府是一样的，爱它们但不要和它们结婚，不要和它们做生意。”

艰难而正确的决定

2011年5月，央行正紧锣密鼓地准备公开首批第三方支付牌照。马云不能坐等了，他决定为了支付宝6亿的用户，违背大股东的意志。

当月，马云做出一个自认为艰难、不完美但正确的决定——马云变更支付宝的所有权，将支付宝的所有权从阿里巴巴转移到马云和谢世煌（阿里巴巴创始人之一）控股的一家名为浙江阿里巴巴的内资公司。至此，支付宝才成为一家“不折不扣”的全内资公司。

支付宝成为全内资公司后，马上获得了牌照。2011年5月26日下午，中国人民银行在官方网站上公布首批第三方支付牌照，在27家公司中支付宝位居榜首。

随后，不明真相的人开始批驳马云违背契约精神，马云默默背负着“虽合法却失了道义”的精神压力。

对此，马云说：“我们与雅虎好谈，与软银不好谈。因为我们与雅虎之间只是利益问题，且杨致远在大的方向上与我们看法一致；而孙正义则是个善于谈判的商人。

“没有人愿意在关键时刻承担责任。我承担责任，就被人们说成有违契约精神；如果我不承担责任，支付宝可能会完蛋。”

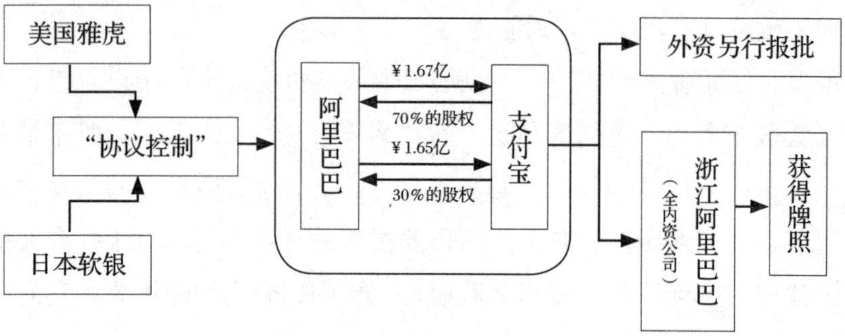

支付宝以股权转移获得牌照

何为“大善乃大恶，大恶乃大善”？在《天龙八部》中，“大善”的萧峰为了让宋辽共享和平而变成了“大恶”，公然要挟皇帝退兵。同理，在一些股东眼里马云转移支付宝股权属于“大恶”，但在6亿支付宝用户眼里，他则是“大善”，因为他们天天用的支付宝终于有了合法的身份。

马云是人不是神，他不可能做“面面俱到的和事佬”。当被人指责自己违背契约精神时，马云独自承担责任、忍受委屈。正如马云所说：“成功是委屈成就的。如果别人冤枉你，你是对的，时间会证明它。”

全世界的中小企业应该团结起来

马克思曾经说过，全世界无产者，联合起来。全世界的中小企业应该团结起来。阿里巴巴愿为中小企业在技术、培训、资金上进行全力支持，让全世界的中小企业真正为每个家庭、为每个人的努力而做出贡献，所以我们一起努力，开创真正属于中小型企业个性化生活的未来。

——2007年9月15日马云在第四届网商大会上的演讲

在穿着上，马云不爱像型男那样“品牌加身”，而喜欢类似“犀利哥”那样的“自由混搭”。在2011年10月25日首届世界浙商大会上，马云的穿着显得格外“诙谐另类”。他不像其他浙商一样西装革履，打着领带，而是穿着一件白色衬衫，随意套上一件西装，脖子上没有时髦的领带，脚上没有锃亮的皮鞋，而是从淘宝网上买来的布鞋……

不修边幅的浙商

正是这样一位不修边幅的浙商，却创造了全球最大的采购批发平台阿里巴巴。这位浙商的成功离不开诚信与团结。从商近20年，马云十分重视诚信，从阿里巴巴的诚信通业务、支付宝安全支付和整治聚划算内部腐败中，我们可以看到马云弘扬诚信正义的坚决态度。

在首届世界浙商大会上，马云说：“每个企业都一样，我相信所有的浙商都很难，所有的浙商都在忍，因为我们是为未来而忍，为诚信而忍，所以我觉得值得。”

在团结方面，马云先后团结了浙商、网商，现在还希望团结全世界的中小企业。

2006年马云创办了首届中国网商节，该节纯粹是全国各地的中小网商的“丐帮大会”，与其他组织办的“高层峰会”大相径庭。马云办中国网商节的主要目的是，搭建一个让天下网商开放交流的平台，同时把网商的闲散力量团结起来，形成异军突起的“网商经济”。

2007年，马云去澳大利亚墨尔本参加世界中小企业峰会。他发现，这个会议搞得一团糟。台上嘉宾好像比台下的听众还要多，而且嘉宾们高谈阔论的东西，对于台下的观众没有什么用，很多听众都在打瞌睡、开小差。

当时，马云就想到，要将中国网商节办成世界的网商节，要带给全球中小型企业更多有实用价值的东西。当时马云向组委会提议说要在中国举办一场世界中小型企业的峰会，让21个亚太经合组织成员、世界各地经济体、中小型企业都能够参加中国的网商大会。

经过商讨，组委会同意了马云的提议。

网商将成为最大的商帮组织

在2007年第二届中国网商节上，马云为了“网商的崛起”大声疾呼：“今天，网商的概念已慢慢深入了人心。我自己觉得光在杭州发展网商不行，光在中国发展网商不行，必须在全世界形成一个世界性的网商。互联网是全球性的，电子商务也必须是全球性的。

“电子商务是国家的核心竞争力，在座各位是经济的主导力量。网商将成为全世界最大的商帮组织。有浙商、徽商，但是比不过网商。”

为了让全世界都能感受到中国网商的魅力，2008年马云把中国网商节升级成国际网商节。2008年8月，第五届中国网商大会暨第二届APEC工商咨询理事会亚太中小企业峰会在杭州轰重召开，商讨抱团“过冬”的办法。

在会中，马云说：“在今天的经济形势下，很多企业的生存将面临极大的挑战。帮助它们渡过难关是我们的使命——我们要牢牢记住：如果我们的客户都倒下了，我们同样见不到下一个春天的太阳。”

此后，几乎每年阿里巴巴都会召开网商大会，通过团结网商的力量，整合资源、群策群力，共同应对国内和国际经济形势的新变化。

“社会主义国家”虽然硕果仅存几个，但是马克思民族平等团结的思想却永放光芒。浙商的佼佼者马云将马克思主义思想应用到电商上，那就是通过网商大会让全世界的中小企业团结起来。

经过漫长历史的“金淘沙拣”，中国先后出现了十大极具影响力的商帮，分别是粤商、晋商、徽商、浙商、苏商、沪商、京商、闽商、鲁商、豫商。十大商帮各有特色、交相辉映，是中国经济的重要发展力量。现在，马云以网商来打破商帮间的界限，让网商发展成为全世界最大的商帮组织，让全球中小企业在阿里巴巴电子商务平台上重新团结起来，最终发展成为世界经济的主导力量。

将阿里巴巴定位为102年的企业

我将阿里巴巴定位为102年的企业，就是持续成长发展102年。为什么是102年？我们是1999年诞生的，102年是横跨3个世纪，目标明确。

102年的企业肯定会有闪失的。我认为有三点：大学是可以走100多年的，我们一定要办培养企业的大学；企业文化可以走102年，企业文化是企业发展的DNA；投资可以做102年，洛克菲勒集团大家都知道，今天虽然已经没有了，但是它的钱和理念一直延续着。所以公司要确定102年的思考和建设，这是我未来的希望和信心。

——2010年5月14日马云在阿里巴巴股东周年会上的讲话

越神秘的东西越能激发人们探索的欲望。在外界看来，阿里巴巴最神秘的东西不是“外形类似蛛网生态系统”的总部大楼，而是阿里味儿（阿里巴巴集团内网）。马云很多发展电商的战略思想和工作部署都先在内网上发布，然后才通过各种途径散播到社会上。

开放内网

阿里巴巴公司内网由阿里巴巴自行研发，仅对阿里巴巴集团内部员工、开通内网权限的外包人员、临时开通内网权限的外部特殊人员（外部审计人员）等开放。用户进入阿里巴巴内网需要内网证书，而该证书申请过程比较复杂。

阿里巴巴还规定内网证书仅限员工本人在办公电脑上使用，严禁在他人或公共场所电脑上使用。一旦发现个人证书在他人电脑上使用，阿里巴巴将按照《商业行为准则》追究相关责任。在此“铁律军规”面前，阿里巴巴的内部员工均不敢在外面使用内网，这让阿里巴巴内网更加神秘莫测。

由于拥有严格的权限管理和规范化管理流程，10多年来，除了2万多名阿里巴巴员工可以利用公司内网外，外人很难进入到阿里巴巴集团的内网浏览相关内容。

解铃还需系铃人，这种神秘的局面终被马云打破。在2012年5月14日阿里巴巴股东周年会上，马云说：“21世纪的互联网公司必须要具有开放、透明、分享和敢于承担责任的特点才有可能成功，因此阿里巴巴未来会不断开放，开放内网将是开放的一个步骤。阿里巴巴的企业内网将在3年内向社会开放，让大家都知道我们在开发什么产品，走到哪儿去了。”

互联网企业要想做到“基业长青”，就要做到开放、透明、分享和承担责任。马云把阿里巴巴定位为102年的企业，发展周期要横跨“3个世纪”，所以要开放内网、开放应用平台、开放数据平台，让更多用户、开发者参与进来，共同完善电商生态系统，解决中小企业的发展问题。

开放应用与数据

在逐步开放阿里巴巴集团内网的同时，马云也陆续开放更多平台。2012年7月，马云在阿里巴巴上推出阿里巴巴开放平台（open.1688.com），在天猫推出阿里聚石塔平台（cloud.tmall.com）。

阿里巴巴开放平台是一个开放性应用市场，个人或企业均可申请入驻。开发者创建的应用产品只要适合阿里巴巴会员使用、与阿里巴巴电子商务平台相关，就可以加入到阿里巴巴应用市场。目前，该应用市场拥有免费和付费两类应用，应用开发的范围包括店铺装修、订单管理、商品管理、流量推广等。

阿里聚石塔平台是一个数据分享平台，目前开放有600多个API（应用程序编程接口）。任何程序员都可以自由调用该平台上的程序数据。据统计，该平台已有1200家服务商“入塔”，服务着60万淘宝卖家。

只有开放才能拥抱变化、发展自己，马云说：“互联网为什么发展这么快？因为它拥有这四大因素，第一开放，第二透明，第三分享，第四承担责任。”

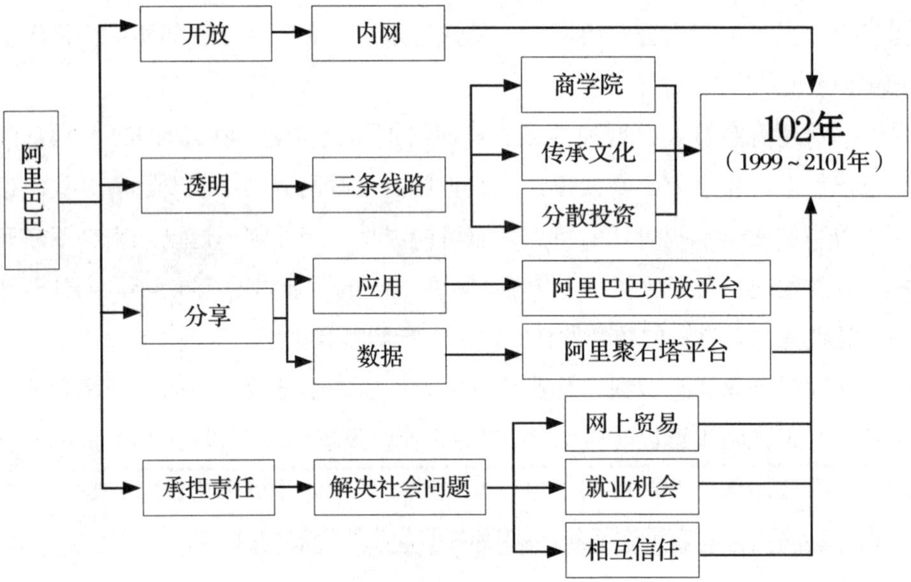

阿里巴巴要做102年的企业

阿里巴巴凭什么比“百年老店”活得更久一些？马云已提出并践行三条路线：一是办培养企业的大学；二是传承企业文化；三是分散投资。在大学方面，马云创办了杭州师范大学阿里巴巴商学院、阿里巴巴培训中心等；在企业文化方面，马云大量的公开演讲和内部讲话，就是在不断传播阿里巴巴的企业文化；在投资方面，马云先后投资华谊兄弟、海尔、新浪、高德地图等。

洛克菲勒有句名言：“不论哪种行业，你的伙伴既可能把事业推向更高峰，也可能导致集团的分裂。”阿里巴巴102年之后，会不会像洛克菲勒集团那样走向分裂？《三国演义》有云：“天下大势，分久必合，合久必分。”阿里巴巴是否分裂并不重要，重要的是其文化和价值观能否传承下来。

选择创业后，工作与生活永远不能平衡

你如果选择了创业这条路，选择了希望往前走，你就没办法平衡（工作和生活）。你只是把自己、生活和工作融为一体，如何在里面获得乐趣而已。所以我告诉大家创业是很艰辛的。

今天谁告诉我说，我可以把工作和生活分得很开，我相信这是职业经理人的态度，但我不相信他的企业会做得很好。我是坐在马桶上冲着淋浴的时候想工作，我晚上做梦的时候也是想的这些事，但是我觉得是快乐的。

我得到家人的支持。他们也知道，假如我不想的话，他们也会不幸福。（我）都已经适应了，一直都是这样的。如果你选择了创业，很抱歉，已经在路上了，你就只能走下去，要不然你就离开。

——2010年12月6日马云在对外经济
贸易大学的“与80后面对面”演讲

读大学的时候，马云的生活理想有点像“空姐的生活”，早上在伦敦吃早饭，中午在巴黎吃午饭，晚上到布宜诺斯艾利斯沙滩上走走。当时马云想如果都能实现的话，那简直是世界上最美好的事情！

从商十几年之后，马云经常在天上飞，“比空姐还空姐”，有时候早上去日本东京晚上就回杭州来开会……马云认为这是世界上最残酷的事情，因为阿里巴巴做得越大，自己越累。

如何做到工作与生活的平衡？马云认为没办法平衡，最好的办法是主动在生活和工作的“胶着状态”中寻找乐趣。

自己生日与公司生日一起过

2009年9月10日教师节这一天，是马云45岁生日，也是阿里巴巴10岁生日。阿里巴巴CEO马云要怎样过生日呢？

第一步，“提钱快乐”。马云在2009年9月8日减持阿里股票套现超过2亿元。当时马云解释说：“可以给自己、家人一点小小的阶段性成就感。如果把10年当作一个创业阶段结束的话，另一个激动人心的新时代即将开启。”不过马云这个举动，被外界“以讹传讹”形成了另一个版本，那就是传马云或闹“婚变”，需要提钱“作为对张瑛离婚的补偿”。

第二步，庆生演唱会。2009年9月10日晚上，杭州黄龙体育场里坐满了阿里巴巴几万名员工，他们所制造的巨大声浪响遏行云。这时马云打扮成摇滚歌手，激情演唱了一首英文歌曲*Can you feel the love tonight*（《爱在今宵》）。

在节目间隙，有人想求证一下马云“婚变”是否属实，就故意叫道：“怎么不让夫人过来呢？”

马云随即向台下投去深情的目光，高兴地说：“她就坐在台下啊，我们夫妻俩没必要同台献丑吧。”阿里的员工们一看，果然看到张瑛女士坐在台下“力挺马云”，霎时间马云“婚变”的传言就此灰飞烟灭。

参与其中，乐在其中

第三步，“阿里真棒”接力跑。为纪念阿里巴巴十周年，马云特意举行了102棒跨江接力跑。为什么是102棒呢？因为马云将阿里巴巴定位为一家102年的企业。

为使接力跑更加好玩，这些“阿里真棒”的制作也十分讲究。首先，阿里巴巴要在全球53个办事处搜集来泥土，然后混在一起送到中国“瓷都”景德镇的一家工厂烧制而成。这些接力棒代表着阿里巴巴“熠熠生辉”的文化和价值观。

马云还为接力跑规划好了路线，先从马云创办阿里巴巴的湖畔花园起跑，然后途经华星科技大厦、西湖时代广场等办公场所，最后跑到钱塘江南岸的滨江园区。

在接力跑中，马云也参与其中，乐在其中。

对于“忙”，马云认为公司做得越大自己越忙。李嘉诚认为：“一个公司，老板忙，就代表可用之人不多。” 盖茨认为：“一个领袖如果整天很忙， 就证明一件事，能力不足。该停一停， 给自己充充电，培养得力助手。”李嘉诚、盖茨一致认为因为没有助手、没有可用之人，所以企业领袖很忙。可是，马云的情况却与此不同。

马云在阿里巴巴推行合伙人制度，引进了28位合伙人，将公司拆分成25个事业部，提拔了一批董事长、总裁，原本认为自己可以过得轻松一些。但是IT世界瞬息万变，马云掌舵的阿里巴巴又“在路上”，正大张旗鼓进军无线互联网、“大数据”、新金融等领域。

阿里巴巴的业务越来越大，马云感到自己也就越来越忙。不过，10多年的经商经验告诉马云，企业家要想让自己快乐起来，就要学会在自我、生活和工作三位一体的“杂烩饭”中寻找快乐、创造快乐。马云把自己45岁的生日和阿里巴巴的10岁生日一起过，就说明了这个道理。

成功是因为拥有企业成长最稳固的靠山

我见过世界上很多成功的企业家，发现在那些成功企业家的办公室里，办公桌前总是挂着自己最喜欢的人的照片，椅子上也都挂着企业团队和个人朋友等支持、帮助过自己的人的照片。这些企业家的成功，是因为他们面带微笑、天天开心，是因为他们拥有企业成长最稳固的靠山；相反，那些失败的企业，整个屋子里都充满铜臭味。

一个男人，要有责任感，无论是对事业还是对家庭，无论是对父母妻儿还是对朋友兄弟，都要担当起自己的职责。自私自利的不是好男人，推脱逃避的不是男人！

——2007年马云在央视《赢在中国》节目中的讲话

关于爱情，莎翁有句名言："爱是一种甜蜜的痛苦，真诚的爱情永不是走一条平坦的道路的。"马云的爱情故事也是不平坦的。1984～1988年，马云在杭州师范学院读书，除了练就炉火纯青的英语口才之外，还找到自己心爱的"另一半"。

第一次见到张瑛的时候，马云有点怦然心动的感觉，说起话来不免有些脸红耳赤。因为张瑛这个女孩子确实有点与众不同，她学习优秀、容貌姣美、聪颖异常，她的一颦一笑，马云都十分关注。马云曾赞赏说："张瑛虽然平常表现出很文静的样子，但是思维却很灵活，很有主见！"

为了向张瑛表达自己的情愫，马云就经常借故与张瑛接触。不过，张瑛好像不吃"无事献殷勤"这一套，总是与马云保持若即若离的微妙关系。

云瑛之恋

有一天，马云听到外语系里的几个男同学，正在喋喋不休地“热议”说要给张瑛点鸳鸯谱，“配对”男朋友，他们罗列了甲乙丙丁，根本没有马云的份儿。马云越听越生气，料想因为自己相貌古怪，当然不在配对的范围之内。

马云决定“先下手为强”，他在男生宿舍楼前“公开示爱”，大叫说要追求张瑛，并要娶她做老婆。很快，马云的所作所为，就传到了张瑛的耳朵里，张瑛莞尔一笑，对于爱情这种神圣的东西，她还是保持矜持的态度。

仲夏月夜，牛乳般的清辉适时泻下，西湖边随处可见成双成对的情侣。马云也想邀请张瑛去“游西湖”，没想到正值花样年华的张瑛心如镜湖、波澜不惊，不为所动。如此几次，马云都吃了闭门羹。若是常人哪里受得了这股窝囊气，早就大叫一声“天涯何处无芳草”另寻所爱去了。可是马云却“屡败屡战”，脸皮也越练越“厚”，每次失败回来，就自我解嘲说：“男人的智商与长相成反比！”

没有“父母之命、媒灼之言”等婚姻习俗的禁锢，自由恋爱之风也飘进了校园。面对前面不时冒出的马云，张瑛一开始觉得好玩，接着觉得可以交往，后面居然动了真情，感觉“那小子真帅”……

因为当时马云是学生会主席，活动能力强，口才一流，在外语系内外都拥有不少女性崇拜者。后来，张瑛还知道马云连续三年高考才考上，可见他对自己的人生十分负责，凡是他要追逐的目标，一定会坚持不懈、永不放弃。现在，马云要射出丘比特之箭，张瑛显然已成为马云的“目标”。

经过长期的交流与无数次的波折之后，张瑛最终被马云的为人和魅力所俘获，在校道上、西湖边，都留下了他们牵手的身影。更多校园情侣在毕业后一起分手，可是马云和张瑛却修成正果，毕业后走进了婚姻的殿堂……

在爱情的路上，莎士比亚的运气显然没有马云好。虽然莎翁妙笔生花、著作丰硕，但他爱情的结局不是喜剧而是悲剧，因为他眼睁睁看着自己钟爱的姑娘另嫁他人……马云虽然相貌古怪，但是他对于自己的人生和爱情富有责任感，坚持追求、永不放弃，所以云瑛之恋的结局很完美，令人钦羡。

儿子or钱？

毕业后5年，马云兢兢业业地在杭州电子工业学院教书，小两口的生活还算稳定甜蜜，可是接下来发生的变化，却让张瑛很是忐忑不安。因为马云为了重新证明自己，选择“在路上”，接下来的十几年中，马云像一匹桀骜不羁的烈马一样，不停地挑战自己的人生。他先后创办了海博翻译社、杭州英语俱乐部、中国黄页、阿里巴巴、淘宝网、天猫、聚划算、阿里云、菜鸟等。

在马云“功成名就”的后面，少不了张瑛的默默付出与牺牲。

2007年，马云的儿子迷上了网络游戏，马云害怕孩子误入歧途，所以希望张瑛回家专职照顾孩子。马云痛心地说：“儿子跟钱，挑一样，你要哪个？”孩子没教育好，张瑛“归咎自责”，于是选择了儿子，要辞职把儿子教育好。

2007年4月，马云的忠诚支持者，阿里巴巴创始人之一张瑛辞掉在阿里巴巴中国事业部总经理职务，回家做起了相夫教子的全职太太，后来儿子被管教得“服服帖帖”。

马云对张瑛也十分敬佩，他说：“瑛以前是我事业上的搭档，我有今天，她没有功劳也有苦劳，我也一直把她当作‘生产资料’。但现在我觉得，作为太太，她更适合做‘生活资料’……”

在马云看来，企业家的成功是因为他们面带微笑、天天开心，因为他们拥有企业成长最稳固的“靠山”。这个“靠山”包括偶像的支持、团队的支持、朋友的支持还有自己另一半的支持。

马云的成功确实有很多“靠山”，偶像方面有金庸、施瓦辛格等的支持；团队方面有创始人团队、合伙人团队和几万阿里人的支持；朋友方面有史玉柱、张瑞敏、李连杰等人的支持；另一半的支持，当然是从合伙人演变为“生活资料”的贤内助张瑛女士了。

最大的失败就是放弃

在创业的道路上，我们没有退路，最大的失败就是放弃。

今天，是一个创业的时代，是一个呼唤创业精神的时代。每个创业者都有实现梦想的冲动，这便是走向创业之路的初始力量。然而创业是艰苦的，是人生的历练，创业需要有一种创业精神。创业精神是一种境界，决定着人生态度。有了这种精神，才能激励人们奋发图强，获得财富与进步。

在任何时刻，永不放弃。永远坚持自己的梦想，保持自己的激情。不要放弃，有时候死扛下去总是会有机会的。短暂的激情是不值钱的，只有持久的激情才是赚钱的。

——《马云精彩语录》

“‘小鹿纯子’来了！”“快点，快点，一二三，倒立！”“快，叠好没有？”阿里巴巴的员工中有十几个“高手”在办公室过道的墙上叠身倒立起来，准备欢迎马云少年时代的偶像——“小鹿纯子”。“欢迎，‘小鹿纯子’！”其他员工纷纷出来夹道欢迎。

“哎哟，你们太厉害了。”“小鹿纯子”一进来就看到这样古怪的“欢迎仪式”，感到既惊奇又兴奋。小鹿纯子是荒木由美子在日本电视剧《排球女将》中饰演的主角。2003年的一天，荒木由美子应马云之邀来阿里巴巴参观。看到阿里巴巴的员工“倒立相迎”，退出影坛已20年的她仿佛又回到《排球女将》的时代。剧中以小鹿纯子为首的排球女将们，经常在墙脚排成一排，练倒立，以加强臂力，好在排球场中打出无数的“扣杀”。

少年时代的偶像

20世纪80年代，前途渺茫的马云正读高中准备高考，而《排球女将》亦在中国大地热播。剧情一开始，马云就看见小鹿纯子拼命在向前奔跑，后面的爸爸骑着一匹马大叫“快跑，再快点”。小鹿纯子从4岁开始，她爸爸就让她不停地跳起来拍着一个白球，爸爸说打破它就有新的生活……可见要想成为排球的王牌主攻手，练习是十分漫长而艰辛的！

看到一个平凡的女孩子，为了新生活、新梦想，拼命地练习着，不断燃烧着青春的火焰，马云誓要以她为榜样，永不放弃高考。后来，马云通过三次高考，终于进入了大学。

大学毕业后，马云做了几年教师，又辞职下海创业，先后创办了阿里巴巴、淘宝网。由于阿里巴巴的一个大股东是日本软银公司，所以马云经常去日本。

2003年的一天，有日本媒体问马云：“马云先生，有没有日本人影响过你呢？”

马云想了一下说：“有，是小鹿纯子，一位排球女将。”

“小鹿纯子是谁呀？”由于年代久远，很多日本记者根本不知道小鹿纯子是谁。

后来，马云打电话问他的朋友。朋友说：“《排球女将》中小鹿纯子的扮演者是荒木由美子。不过，她在1983年就退出影坛了，到现在有20年了。”

20世纪80年代《排球女将》中的小鹿纯子，以坚持不懈、顽强拼搏的精神影响了一大批中国高中生。他们当中有很多人受其激励，没有放弃高考，没有放弃自己的人生，积极进取。20年后，马云童心未泯，重拾对少年时代的偶像的记忆，同时阿里巴巴的员工都比较年轻，而年轻人又比较喜欢偶像。于是，马云要让自己少年时代的偶像向他们传递更多力量，让他们“永远坚持自己的梦想，保持自己的激情”，十年如一日地坚守阿里巴巴的使命和价值观，坚持不解地帮助中小企业创造价值。

“倒立文化”

为了找到自己少年时代的偶像，马云就在网上搜索“荒木由美子”，查看她的演艺经历。当时，马云有了一个主意：要找到她，邀请她来一次中国，因为小鹿纯子当年在中国的影响很大，但是却从来没人邀请她来中国。

那一年，马云通过很多朋友和社会关系，找了好久、找得好苦才找到荒木由美子。以前只是在电视上看到荒木由美子，等真的见到她之后，马云还是很激动。马云回忆当时的情景时说：“当时我很激动，20年过去了，荒木由美子还是那么漂亮，那么善良……”

马云真诚邀请荒木由美子前往中国，做客阿里巴巴。她高兴地同意了。

在约好来访日期之后，马云就开始准备迎接自己的偶像。大凡欢迎重要人士，都需要一个特别的欢迎仪式。马云绞尽脑汁想出了一个貌似古怪的欢迎方式，那就是员工倒立迎宾。矮小的马云说到做到，自己带头练倒立。员工们见到CEO都在练习，只好跟着练起来，结果越练越出彩，马云能单手倒立，而员工们能以十几人“倒立叠罗汉”迎接来自日本的“小鹿纯子”。

后来倒立演化为阿里巴巴永不放弃的精神文化。马云说：“为什么要练倒立？就是因为有太多人跟我说‘不可能’了。可在阿里巴巴，没有不可能。经过练习，淘宝的每个‘店小二’（员工）都会倒立，我还能单手倒立，我们还能倒立地叠罗汉。”

马云让员工练倒立，一开始员工说“不可能，马云疯了”，但是马云没有疯，而是带头练了起来。阿里巴巴的“创业精神”就是让不可能变成可能。有了这种创业精神的人做什么事情都不会退却，而是永不放弃，因为“最大的失败就是放弃”。

如果小鹿纯子放弃练习、放弃了排球，那她也就放弃了自己的人生和梦想。如果马云放弃高考、放弃创业，那么他可能还待在学校里教书，不会有阿里巴巴、淘宝、天猫和支付宝这些积极地革新时代的电商平台。

太极拳是一种哲学上的思考

我觉得太极拳带给我最大的是哲学上的思考。阴和阳，物极必反，什么时候该收，什么时候该放，什么时候该化，什么时候该聚。这些东西跟企业管理是相通的。西方的管理哲学，是从基督教的思想过来的。日本的精益管理，也有自己的哲学思想在里面。

中国公司的管理，要不就是从西方学一些管理思想过来，要不就是从日本学习一些流程管理的方法，没有一个文化根基。我认为我们必须要有一个文化根基，中国的管理才能够进入到世界的管理财富中。我从太极拳里悟出了儒释道文化，很有味道的东西。我把它融入到企业管理，这是有根源的。否则你今天去剽窃了一下GE的六西格玛，明天去学习了一下日本的精益管理，后天再去学习一下欧洲的资本运作，但人家的东西是有根基在里面的。你没有根基是不行的。

——2013年1月马云答媒体采访

5月的一天，西溪湿地分外妖娆，轻烟满湖，蒹葭摇曳，鹭隐其中……青砖绿瓦的太极禅苑矗立在天地之间，苑内一位“太极拳师”弓步分手练起了太极拳。只见，他转身推架，动功阳刚；屈肘收脚，静功阴柔……就在马云卸任阿里巴巴CEO这一天，2013年5月10日，马云在太极禅苑内，神情自若地练起了太极拳。

迷恋太极拳

马云为何恋上太极拳呢？在大学时代，马云经常到杭州西湖边溜达。他发现有一位老太太天天来练太极拳，觉得很好玩，就跟着她学了一段时间，从此迷上了太极拳。创业之后，马云不时利用闲暇时间去修习太极拳。

2009年，在阿里巴巴成立10年之后，马云开始在公司内部推行太极拳，通过集体内训的形式让员工修炼太极拳，让员工学会平静，祛除浮躁。后来，马云又想办个公司向中小企业推广太极拳这一国家级非物质文化遗产。

创业需要找合适的人，那得找谁合作呢？马云懂经商、善于演讲，可谓是一代“文师”，所以需要找一个精通十八般武艺、功力较强的“武师”。这样才能实现“阴阳相合”。

很快，马云就找到了李连杰，因为他是国际功夫巨星、公益慈善基金“壹基金”创始人，曾出演过《太极张三丰》，在中国极具影响力。

2007～2010年，李连杰从发起到经营“壹基金”遭遇了“体制高墙”，困难重重，诸如身份认证困难、账目不能自主、项目开展受限等，最后，壹基金还有“中断”的可能。李连杰觉得心很累，想要进山修行，不再过问世事……

这时，马云找到李连杰说：“我越学习太极拳越发现，其实我做企业无论是企业内部管理、员工的管理，还是跟客户、跟竞争者的关系几乎完全遵循太极的宗旨。”随后，马云说出要与李连杰合办太极禅公司的想法。

李连杰心想：美国有橄榄球比赛，印度有瑜伽，中国却还没有一个标志性的体育项目。马云是一个经商奇才、网络大亨，我又懂武术，我俩一黑一白，刚好合拍，一定能做好太极拳的推广事业。于是，就高兴地同意了。

马云修习太极拳多年，他认为太极拳给他很多“哲学上的思考”，正所谓物极必反。所以，作为企业家在经营企业时要知道何时该收，何时该放，何时该化，何时该聚。

马云在合伙人制度成熟之后，选择了“放”，卸任阿里巴巴CEO，相信年轻人会做得更好；马云在支付宝领牌照时，选择了“收”，通过股权转移使之转为全内资公司；马云在业务调整上选择了“化”，将阿里巴巴拆分为

25个事业部；马云在平台建设上面，选择了“聚”，通过开放、共享电商平台，吸纳中小企业进驻，通过网商大会让全世界中小企业团结起来。

太极禅推广太极文化

2011年4月，马云和李连杰成立了太极禅国际文化推广公司，向全球推广太极文化，李连杰说公司推广的是“健康与快乐的体育文化”。

本来说要两人合办，中途马云却要“撂挑子”了。公司成立后，马云对李连杰说：“连杰，你任CEO，公司的一切由你全权负责了！”

李连杰惊愕不已，心想：不是说好了两人合作的吗，一黑一白？现在怎么黑白都是我的事了？这个“大恶人、大忽悠”！

后来，李连杰在公司里打坐冥想，终于想明白了：“黑里面白一点，白里面黑一点，这才是太极。”

后来的事实是，马云虽然不参与太极禅的经营，但是他也不会什么都不做，他总是抓住机会“秀几把太极”，向身边的人推广太极文化。

经过几年筹备之后，2013年5月，阿里巴巴的太极禅苑在杭州西溪湿地开业了。马云和李连杰高兴地出席了揭牌仪式。

成立后的太极禅苑提供“大太极文化服务”，以会员制、小班修炼太极拳为基础，融合多样化服务，立志在中小企业当中建立起新型的文化圈子。

阴阳学说经典著作《素问》有云：“阴阳者，天地之道也，万物之纲纪，变化之父母。”意思是阴阳是天地循环的道理，是万物生死的规律，是产生各种变化的根源。可见，阴阳相互制约、相互作用，始终处于不断运动变化之中。太极拳带给马云的哲学思考就是，中小企业需要建立一个较为稳固文化基础（儒释道文化），才能“收放自如”地引进西方的管理理念。如果中国企业根基不稳，到处乱学，今天引进GE的六西格玛，明天学习日本的精益管理，后天操练欧洲的资本运作，那么到最后就会邯郸学步，不懂得如何走路了。

第6章

价值，怎么算

打磨人生的
核心竞争力

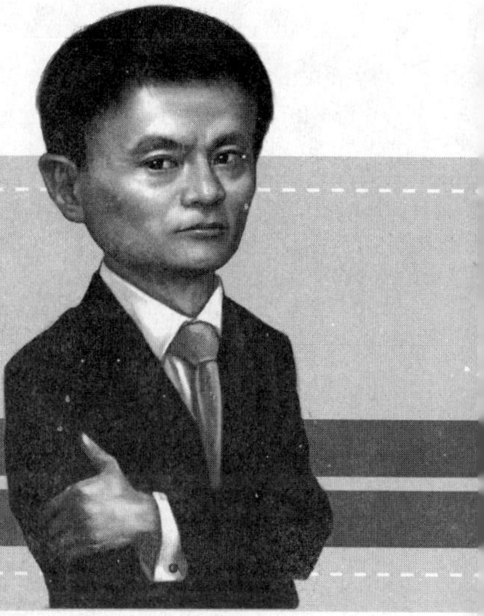

价　值

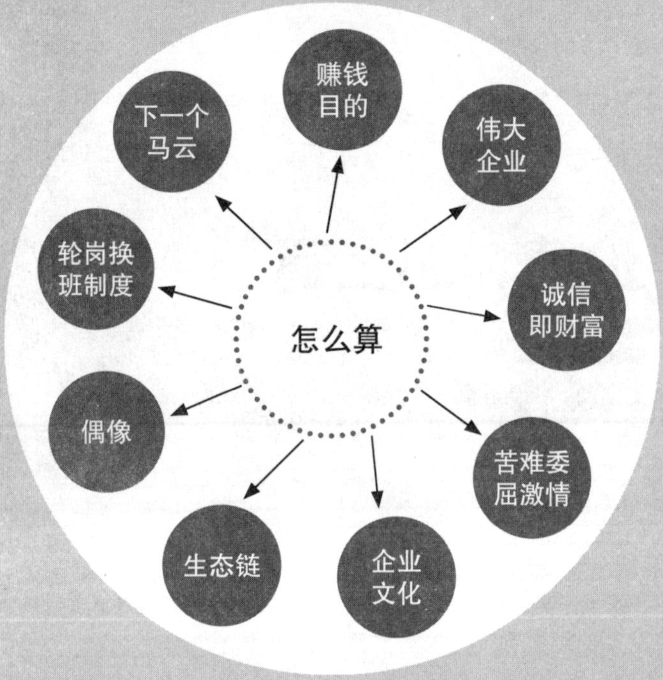

赚钱的目的在于帮助客户、服务别人

很多创业者或者做企业的人，上来就把自己放在一个很高的高度，张嘴就谈什么文化啊民族啊，说自己不是为了赚钱而创业。其实大家别把钱看得太轻，如果没有钱你创什么业，创业不为了赚钱你干什么？

创业者要实事求是，摆正创业的目的和钱的位置。创业不是为了赚钱，而是创业的结果让创业者得到了很多钱。钱是资源，赚钱的目的不是为了使自己的生活更好，是为了帮助更多的客户，服务别人，帮助别人。

创业者不仅仅是让自己快乐，还要让别人快乐，要让别人有价值。成为让别人有价值的人，路才会走得远，走得久，走得踏实，走得舒坦。

——2011年3月马云在央视节目中的演讲

南国广州，花团锦簇、珠江盈流，生活区中的西关大屋静谧祥和，商贸区中的广州骑楼连街串廊、熙攘繁华……此时此刻，来自世界各地的客商汹涌而至，来参加广州网货交易会。

2010年7月9日，在广州网货交易会上“理想主义者”马云“再发狂言”：“阿里巴巴要为1000万企业生存，为全世界1亿人创造就业机会，为10亿人提供网上消费平台。”看来他的目标就要实现了，因为阿里巴巴通过网货交易会不断为客户创造价值，阿里巴巴的三大理想的实现指日可待。

O2O网货交易会

在当天网货交易会上，约有1000家阿里巴巴网货供应商、10万家淘宝买家卖家参加盛会。在一个夫妻店门前，只见夫妻两位老板喜上眉梢，逢人就大声叫卖："一件25元，一件25元。"由于他们的服装特色显著、价格亲民，所以一天之内该店现场销售额达到5万多元，达成初步合作的意向客户有500多个。

其实，该夫妻店在2009年开始就参加了阿里巴巴的首届网货交易会，并尝到了线下交易会的甜头。当年，仅仅几天时间内，与他们达成合作的代理商就有1000多家，后来这些代理商不断追单订货，让他们的销售额一年比一年好。

马云创办的网货交易会（简称阿宝会）是全球最大的网货交易和网商交流的线下平台。马云通过网货交易会，为买卖双方搭建了面对面交流和现场直接交易的桥梁。

从2009年开始，每一年阿里巴巴都会在全国各地巡回举办网货交易会，先后在厦门、青岛、广州、杭州、上海、成都、义乌等地开展。

马云办网货交易的模式是O2O模式（线上Online＋线下Offline），在线上利用阿里巴巴、淘宝、天猫等平台打广告、做专题引流，吸引网商报名参与；在线下通过与当地活动能力较强的展览公司合作，让其招商布展，组织网商到现场参加交易。

马云说："网货交易会将越办越好，我们希望帮助更多的企业开拓广泛、多元的市场渠道，帮助更多的商家进到更好的货，让更多的消费者分享到更好的货。"

"线上一条龙，线下一条虫"反映了一些互联网企业线上业务与线下业务的巨大反差。有些企业在线上以"潮语萌物"吸睛引流，秒杀商品活动做得风生水起，可是一到线下就变得一塌糊涂、颗粒无收。

不是说线下没客户，而是它们缺乏良好的经营模式。马云在举办网货交易会时，采用O2O模式，打造网商交流和网货交易的线下平台。阿里巴巴在线上鼓动庞大的企业会员、天猫淘宝上的买家卖家积极参与，在线下则与专业的展览公司合作，提出分成方案，让其招展布展。所以阿里巴巴的网货交易会办了一届又一届，有时候还会在多个城市同时举办网货交易会。

务实的“网商庙会”

如果说网商大会是“丐帮大会”务虚成分居多，那么网货交易会就是“网商庙会”，务实成分居多。在网货交易会上，网商不再商讨如何解决中小企业面临的各类问题，而是直接进行现场供需对接、货钱交易。

此外，网货交易会的门槛也比较低，参与对象包括：生产厂家、贸易或代理商、传统品牌商家、网货品牌商家、电子商务服务业商家、淘宝卖家、B2B平台采购商、大型企业采购人员等。由于具有低门槛、开放性等特点，每一届网货交易会的参与企业均超过1000家，参与的采购商和供应商人数超过10多万人次，展会成交额在10亿元以上。

马云说：“网货交易会的概念来自它的渠道，而渠道的优越性让网货交易会把暴利还给消费者，还给制造业；网货交易会的本质就是货真价实，这是我们的革命，消费生产模式的革命。网货交易会是财富的重新划分。网货交易会的核心就是反对暴利。”

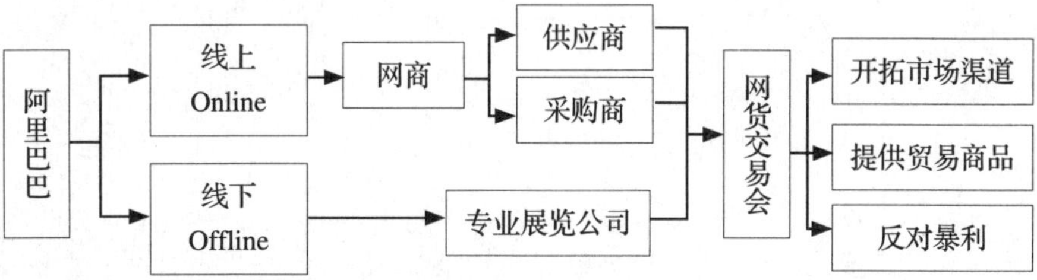

马云的O2O网货交易会

在经济发达地区“展会经济”异军突起，如广州就有“一天一小展，三天一大展”的说法。不过有些展会越办人越少，最后就办不下去了。究其原因，是展会没有持续增长的客户资源，而且做品牌宣传居多，没有给客户真正创造价值，没有给客户带来实实在在的利益。

马云认为企业要赚钱，因为只有赚钱才能生存，但是“赚钱的目的不是为了使自己的生活更好，是为了帮助更多的客户，服务别人，帮助别人”。所以在马云办的网货交易会中特别强调要帮助更多客户、服务更多网商。因此，在网货交易会上，供应商得到了诱人的订单，采购商得到了物美价廉的商品，同时也“反对暴利”，大大压缩了传统渠道的暴利空间。基于这几点，网货交易会完全可以活得更久。

不能为社会解决问题的企业称不上伟大

> 我们不需要机构来证明我们是成功的，我们要用自己的行动，为社会创造价值，以自己完善社会的行为，来证明商人企业家是社会发展主要动力之一。我们每个人凭自己的智慧和勇气，可以为自己、家人，为社会，为后代创造财富，这就是我希望看到10年以后，中国的中小企业能够给全世界和自己的一点点证明。
>
> 过去，一个企业抓住一次机会就发达了，再抓住一次机会就伟大了。现在不是，不能为社会解决问题的企业称不上伟大。从这个意义上说，苹果都不能算一家伟大的企业。
>
> ——2013年11月马云答记者问

“乔帮主走了，风清扬还在。”很多人经常会把苹果前CEO乔布斯与马云相提并论。“乔帮主”乔布斯头如硕果，鬓毛衰白，面带微笑，先被苹果放逐后又“二进宫”掌权，终因癌症去世。“风清扬”马云额部开阔、骨拱起、下巴出翘，神似阿里巴巴的LOGO，曾被人称为疯子，被淘宝网小卖家围攻，被大股东所误解，后“急流勇退”辞去阿里巴巴CEO。

对于苹果公司，马云说：“过去，一个企业抓住一次机会就发达了，再抓住一次机会就伟大了。现在不是，不能为社会解决问题的企业称不上伟大。从这个意义上说，苹果都不能算一家伟大的企业。”

苹果公司“改变世界”

苹果公司是如何改变世界的呢?

1955年2月24日，乔布斯刚出世就被父母遗弃，后被好心人收留，从此他的命运艰辛而多险。他19岁就辍学打工，住在车库里、到大学旁听。1976年21岁的乔布斯成立了苹果公司研发苹果电脑。因为乔布斯酷爱苹果，所以把公司命名为苹果。

由于乔布斯特立独行，再加上市场恶化、幕僚排挤，1985年9月17日乔布斯愤然离开苹果公司，成立皮克斯动画工作室。10年后乔布斯推出全球首部全3D立体动画电影《玩具总动员》，名声大噪。

1996年苹果公司经营陷入危局，急忙向乔布斯“求救”。乔布斯在苹果危难之际重掌苹果公司大权，并实施大刀阔斧的改革。苹果公司先后研发Macintosh、iMac、iPod、iPhone、iPad等电子产品，并通过“饥饿营销”面向全球推广。

因此，乔布斯及其苹果公司被人们认为“至少改变世界五次”。

慈善巨子邵逸夫先生于2014年1月7日驾鹤西去，其对中国教育和医疗的贡献不胜枚举。由其捐赠的“逸夫教学楼”“逸夫门诊楼”遍布神州大地，在教育界更有“但有读书声，即有逸夫楼”的伟绩。

对于中国来说，邵逸夫是伟大的，因为他实实在在为中国人民做了贡献，解决了教育和医疗领域经费不足、设施短缺的问题。可见，企业家的价值在于为社会做出了多少贡献，而不是机构评估的市值，也不是你要多少次改变世界。正如马云所说，“我们不需要机构来证明我们是成功的，我们要用自己的行动，为社会创造价值”。

CEO的不同结局

乔布斯及其苹果公司“改变世界五次”，获得了巨额财富，但是在解决社会问题方面乏善可陈。相比之下，马云及其阿里巴巴，只改变世界一次，那就是通过互联网电商让天下没有难做的生意。十几年来，阿里人夜以继日、兢兢业业地工作，目的就是为了解决1000万家企业的生存，解决1亿人的就业问题，为10亿人提供网上消费平台。

苹果公司不仅没有解决多少社会问题，在纳税问题上也是"罪行累累"。2013年5月，美国国会罗列了苹果公司逃税的7项证据（"七宗罪"），指出过去很长一段时间内苹果公司一直通过海外外包公司进行逃税。对此事，虽然苹果公司矢口否认，但是群众的眼睛是雪亮的。

而在2013年马云却做了三件令自己骄傲的事情：阿里"小微金服"积极参与金融改革；阿里巴巴集团All In无线（全部投入无线领域）；2013年阿里巴巴集团的日均纳税额超过2000万元，全年纳税总额超过了70亿元。

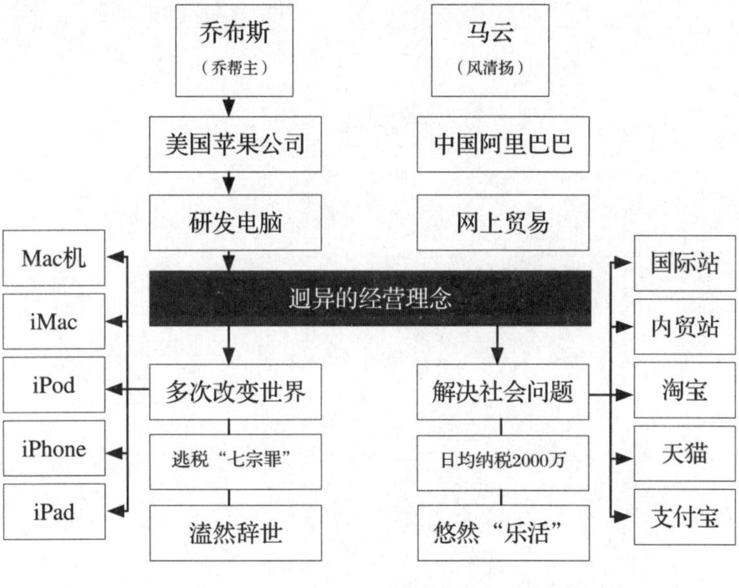

马云与乔布斯

一个是外企，一个是中企，两家公司的掌门人因为理念不同，最终导致迥异不同的结局。乔布斯要求改变世界，而马云要求解决社会问题。

最后，乔布斯在2011年8月辞去苹果CEO不到两个月就病逝了，而马云在2013年5月卸任阿里巴巴CEO后，又做物流又做环保，还推广太极拳，悠然

“乐活”。

乔布斯及其苹果公司以“硅谷精神”，研发了一代比一代先进的电子产品，虽然多次改变世界并且获利丰硕，但是其对社会问题关心甚少，甚至连纳税也玩起了“躲猫猫”。马云及其阿里巴巴就不同了，他们既积极解决社会问题，又光荣纳税。所以马云说：“不能为社会解决问题的企业称不上伟大。从这个意义上说，苹果都不能算一家伟大的企业。”

让诚信网商先富起来

因为网购，因为淘宝，让很多人第一次意识到诚信的重要性，意识到诚信就是财富。

我们让诚信变得有价值，你的诚信是可以变成钱的。许多年前，如果你有很好的信誉记录、交易记录，你可能不富有。今天，如果你在淘宝上有很好的信誉记录、交易记录，你将会变得非常富有，因为人们都愿意跟信誉好的店家做生意。

在阿里的金融体系里面，我们不需要抵押，我们需要信用；我们不需要关系，我们需要信用；我们不需要你挣多少钱，我们需要你踏踏实实地为客户服务。

今后的商业竞争，拼的是信用，是特色，是服务，而再也不是价格。

——2012年9月9日马云在第九届网商大会上的演讲

淘宝网成立一年后，由于门槛低，似乎什么人都可以在上面买卖东西。由于部分奸商混迹其中，有时“店小二”们监管也不严，假货不时出现在淘宝网上。为了让员工明白诚信在经商中的巨大作用，马云决定搬来金庸大侠现身说法。

2004年4月，马云知道金庸要来杭州几所大学演讲，立即与金庸联系，对他说：“淘宝的‘店小二’都等着亲耳倾听您这个‘大掌柜’的提点。”

虽然金庸行程很满，本来没有多少时间，但是他从2000年开始就与马云交往，已结下深厚的友谊。于是就同意去淘宝公司一趟。

金庸“大掌柜”的提点

为了迎接金庸大侠，马云把淘宝公司重新布置一番，让“店小二”们把办公室“桃花岛”、书房“东林书院”、会议室“光明顶”、洗手间“听雨轩”等打扫得干干净净，让“江湖侠气”弥漫公司的每一个角落。

2004年4月10日上午，金庸大侠如约而至。“风清扬”马云出来陪同他参观淘宝的办公场所。淘宝的“店小二”们看到宽厚儒雅、气度不凡的金庸大侠，都十分激动。

马云在金庸大侠面前褒扬“店小二”说：“虽然现在的工作条件还不太好，但是他们已经在这里创造了中国电子商务的奇迹。”

很快，“大掌柜”提点的时间到了，金庸对淘宝员工说：“做企业一定要讲信义，没有诚信的企业一定做不长久。”

为了让金庸大侠留下墨宝，马云早早就备好了文房四宝。金庸想了一下，然后泼墨挥毫题下12个大字：“宁可淘不到宝，决不能弃诚信。”写完之后，默念一遍，然后又意犹未尽地在下面补上8个小字：“宝可不淘，信不能弃。”

马云十分高兴，带头鼓起掌来，然后对“店小二”们说：“金大侠的寄语是对淘宝最好的鞭策，是镇殿之宝。淘宝网首先自己要做到诚信，同时也要求所有的淘宝会员诚实地做生意，为中国电子商务的健康发展做出贡献。”

自古以来就有“无奸不商”的说法，无良商人往往会做一些“缺斤少两、以次充好、欺童骗叟”的勾当，大好市场被这些害群之马、蛀虫弄得“千疮百孔”，最终让诚信的商人反而挣不到钱。金庸“大掌柜”的对淘宝“店小二”的提点就是“宁可淘不到宝，决不能弃诚信”。意思是说要以诚信立淘宝，宁愿不要做买卖，也不能丢了诚信。

李嘉诚靠诚信立业，全球网商靠诚信致富，说明诚信是企业经营之核心。如果网商没有诚信，就没有生意做，没有续存的机会。正如马云所说的，因为网购，因为淘宝，让很多人意识到诚信就是财富，因为人们都愿意跟信誉好的店家做生意。

为诚信而战

此后很长一段时间里，马云为诚信而战、为诚信而忍。马云先后搭建起阿里巴巴的诚信体系和金融体系，先后开发了“诚信通”“出口通”“支付宝”“余额宝”等服务产品，让诚信的网商先富起来。

有时候，马云觉得自己很累，淘宝网上的假货不是越打越少，而是越打越多。有一年马云甚至想到了要关闭淘宝网。马云无数次地问自己：“为什么我们还要这么辛勤地工作？我们没日没夜地工作，甚至现在也是这样。我变得更瘦了，而且长相更奇怪了。”

但很快，马云发现感谢自己的人越来越多，发现越来越多诚信的网商富裕起来了，觉得自己再苦再累也是有价值的。

创办阿里巴巴、淘宝网多年之后，马云走在大街上，经常有人跑过来感谢他，因为阿里巴巴帮助他们获得国际订单，让他们把生意做到国外去。还有人过来主动跟他搭讪，说要感谢他，因为他们家在淘宝上开了个小店，全家安身立命全靠网上那个小店，因为诚信所以收入还不错。

为此，马云感到骄傲、热血沸腾，心想：虽然中小网商的生活都不容易，但是我们应该感到骄傲，因为我们在改变中国。我们通过阿里巴巴平台、淘宝平台让网商利用诚信和信用赚钱。

邓小平说让一部分人、一部分地区先富起来，是要在中国分步实现共同富裕，因为地区经济发展不平衡。到了互联网时代，马云建立起了B2B平台、B2C平台、C2C平台，主张让诚信的网商先富起来，也是要广大网商分步实现共同富裕。因为网商的诚信意识存在差异，有的网商注重诚信，有的网商却还没有这个意识。

在信息大爆炸的时代里，网上信息鱼龙混杂、真假难辨，网商一度被人们认为可疑、不靠谱。后来，马云通过建设全新的诚信体系、金融体系，让网商的诚信和信用变得值钱起来。马云曾经说过："财富并不只是金钱，诚信才是世界上最大的财富。"网商只要积累良好的信誉和长期的信用，就能无往不胜，因为"今后的商业竞争，拼的是信用，是特色，是服务，而再也不是价格"。

金融互联网和互联网金融

未来的金融其实两大机会都有，第一个是金融互联网，金融行业走向互联网；第二个是互联网金融，纯粹的外行领导。其实很多行业的创新都是外行进来才有这样的创新。金融行业也需要搅局者，更需要那些外行来进行变革。

中国不缺一家银行，中国有的是银行，中国也不缺任何一家金融机构，中国的银行和金融机构的数量在世界上不算少，但中国需要一个好的创新的金融机制，去适应未来的金融的发展。中国现有的金融体系，是服务了20%的客户，赚了80%的钱，但是毕竟有80%的客户没有被服务到。如何去为它们提供服务，这是金融体系应该去思考的问题。那我们既然已经在这个领域里面，也许我们本身的经历可以帮助很多企业。

——2013年6月2日马云在外滩国际金融峰会上的演讲

2013年2月的一天早上，天气乍暖还寒，一位支付宝的员工穿着薄毛衣、棉外套，像平常一样准时上班。他打开电脑，输入账号密码，登陆阿里巴巴集团内网，结果收到了一封邮件，令他瞠目结舌。

邮件里面写着："阿里巴巴正式调整支付宝及金融业务架构，将其拆分为4个事业群：共享平台事业群、金融事业群、国内事业群、国际业务事业群。彭蕾将不再担任支付宝CEO，只担任整个阿里集团的CPO，负责新拆分的4个事业群的金融业务……"

他再看一下邮件发送者，正是阿里巴巴CEO马云。

四分支付宝

“变化创造者”马云就像一位外科医生一样，不时对阿里巴巴的业务和架构进行“切割拼接”。先是淘宝被拆分为3个平台，接着是阿里巴巴被拆分为25个事业部，最后支付宝和阿里金融业务也被拆分为4个事业群。为了“搅局”金融领域，马云需要“一场金融的革命”。

2013年2月25日，马云在阿里金融团队的年会上宣布：“阿里的金融业务要回归金融本质，即金融是为了解决贸易和生活过程中的问题。

“今天阿里做的金融业务不是改革，而是一场革命，一场金融的革命。我们公司要做得干净利落，技术、产品、服务要做得完善，我们的想法是要对这个社会有贡献，让天下没有难做的生意，这是我们的使命。

“我们的指导思想就是互联网的思想：开放、责任、透明、分享、互动。我们要用互联网的思想、技术去解决问题和支撑中国未来金融的发展。”

会议后不久，马云就对支付宝和阿里巴巴金融做出拆分，并以内部邮件方式告知阿里人。

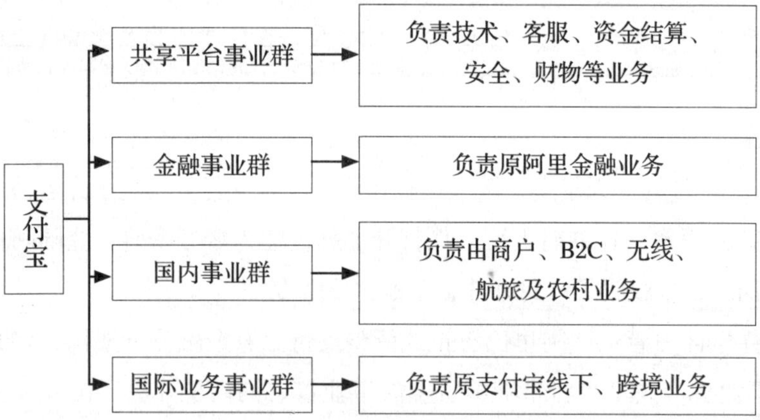

支付宝被拆分为4个事业群

成立于2004年底的支付宝，经过近9年的发展可谓枝繁叶茂，已拥有134家合作金融机构（银行）、46 万家商户和大批安全支付联盟。但是在马云眼里，支付宝还不够完美，需要适时调整。

这一次调整，马云将支付宝拆分成4个“小而美”的事业群，就是希望阿里金融团队以金融为杠杆，以专注的精神服务于不同的客户，让天下没有难做的生意。

在互联网时代，马云认为金融的机会在于“金融互联网，互联网金融”，认为金融要互联网化，互联网要金融化。在支付宝发展壮大之后，马云四分支付宝，建立了新型金融体系的雏形。该新型金融体系以阿里巴巴的使命为出发点，主要目的是为了解决中小企业贸易和生活过程中的问题，而不像其他投资机构一样，仅热衷于投资地产、能源、贵金属等少数高额回报领域。

“网络穷人的银行家”

从2004年开始，在利用支付宝解决安全支付问题之后，马云开始考虑解决中小企业的金融问题。2009年9月，马云就成立了阿里金融事业部，提出了“小额贷款”的援助方式。

2010年6月8日，马云联合复星集团、银泰集团、万向集团成立了浙江阿里巴巴小额贷款股份有限公司，这是国内第一家电子商务领域小额贷款公司。

马云说：“中国电子商务的发展，我们坚定地认为是一个生态系统的发展，需要各方共同的努力才能促进。因此，阿里巴巴这几年来特别重视促进和金融机构、银行的合作，共同为中小企业和消费者提供更多的金融服务。”

阿里巴巴小额贷款成立后，由阿里金融团队负责运营，帮助更多的中小企业解决信贷支持少、直接融资渠道窄等问题。

2010～2013年，阿里巴巴和合作金融机构已向中小企业会员批出8000多笔贷款，发放贷款高达200多亿元。虽然马云坚称“只做生态系统不做银行”，但仍被业界称为“网络穷人的银行家”。

马云做的是一个开放共享的金融体系，而不是要做“低存高贷”的银行，他正在“用互联网的思想、技术去解决问题和支撑中国未来金融的发展”。马云的金融体系不像单家银行那样“单打独斗”，而是建立一个开放的、共享的平台，需要与众多金融机构合作。因此，马云不是要推翻原有的金融体系，而是挑战它，让它变得更加健康、更加坚固。对此，马云戏谑说：“我们不是要推翻传统机构，而是要摇一摇，让它们的楼更坚固。”

人生核心竞争力＝苦难＋委屈＋激情

阿里巴巴的核心竞争力并不是技术，而是企业文化。外界看我们，是阿里巴巴网站，是淘宝，但只有我们自己知道，我们的核心竞争力是我们的价值观。

阿里巴巴最早的核心竞争力是什么？我说是我。人家可以拷贝我的模式，但不能拷贝我经历的苦难，不能拷贝我经受的委屈，不能拷贝我不断向前的激情。

未来，物流才是电商的核心竞争力。

——2013年6月马云论核心竞争力

2010年9月的一天，马云（Jack Ma）来到了美国查理·罗斯（Charlie Rose）的脱口秀节目的演播室里。马云穿着浅蓝色的圆领衬衫，备显轻松；而罗斯则是西装革履，保持随时要发问的姿态。

小就是美

罗斯开始提问："你认为互联网会改变世界吗？"

马云睿智应答："是的，但我没想到互联网会发展得这么快。创业之初，阿里巴巴只是一家很小的公司，经历过很多困难。现在我们发展壮大了，我们就想去帮助更多的中小企业，帮助更多的创业者和就业者。我们通过互联网平台帮助他们，同时他们也会反过来回报我们。这样，我们的公司发展得越来越强大。"

罗斯问："阿里巴巴能不能在其他国家获得成功？"

马云说："只要其他国家有中小企业，我们就能获得成功。我相信在21世纪，'小就是美'。我们希望有一天，世界上任何有中小企业的地方，都会有阿里巴巴。

"我见有人靠捕虾米发财，而没见人靠捕鲨鱼或鲸鱼发财的。美国的阿甘说过：到处都是虾米，但你得懂得如何去抓。"

罗斯又问："你如何看待慈善事业？"

马云回答道："我从来没有想过现在的钱是属于我自己的，因为它是属于社会的。在中国，有几百万算是富翁，有几千万是企业家。如果你有几亿的话，那就是社会财富。我有的只是一张床，和一日三餐而已。

"我十分尊重慈善事业，但是我觉得我们应该更好地利用这笔钱。如果我把钱全捐出去了，等我老了时，我会后悔的。因为目前中国有13亿人，需要2亿个就业机会。我现在要把钱花出去，创造更多的就业机会，而不是捐出去做慈善。"

在脱口秀节目中，马云依然坚信互联网会改变世界。马云认为世界只要有中小企业存在，阿里巴巴就有机会，因为阿里巴巴的客户定位是全球中小企业这些"虾米"而不是大企业。对于自己财富的处理方式，马云认为应该用来解决更多的社会问题，创造更多的就业机会，而不是一味"裸捐"。

什么是核心竞争力

罗斯问："什么是你们公司的核心竞争力？"

马云说："当然是文化。一开始，我们公司的员工只有18人，而现在增加到2万多人。我们很注重文化、创新、扶持与互相，而不单纯是为了赚钱。

"我们和华尔街大部分的企业不一样，我们坚持客户第一，员工第二，股东第三。这就是我的信仰。因为顾客是我们财富的来源，员工推动创新，而股东在危机到来时往往跑得最快。在危难来临时，员工会留下来，顾客也会留下来。”

现在阿里巴巴的核心竞争力是其文化和价值观。但阿里巴巴最早的核心竞争力就是马云本人，因为人们永远不能拷贝他的苦难、委屈和激情。

在经受苦难方面，马云在海博翻译社做过“倒爷”，在中国黄页做过推销员，在外经贸部遭遇“体制难题”，在阿里巴巴不断对各部门进行调整和变革。在忍受委屈方面，马云忍受了阿里巴巴中国供应商的“欺诈门”、淘宝被“围攻”事件、支付宝股权转移事件。在永葆激情方面，马云用阿里巴巴帮助中小企业，接着又用淘宝网帮助创业者，后来又用无线淘宝消灭淘宝，“退休”后又做起了菜鸟网络，到各大高校演讲……

企业文化要进行制度化、组织化的建设

文化，无非就是什么是你的使命，为什么做，怎么做，价值观体系，以及KPI，还有考核。文化一定是考核出来的，文化不是贴在墙上。有一个企业家说，我们文化做得很好，4本杂志。那个是宣传，没有用。我希望大家记住，最后影响你公司是否可持续发展，员工是否幸福，客户是否满意的是，你公司是否有优秀强大的文化。制度是来弥补、发展这样的文化的。

文化不仅是一种团队文化。中国很多企业总是带着团伙思想进入组织。如果你的公司超过一两万人，你必须进行制度化、组织化的建设。我们要思考如何用制度、组织来保障你企业的发展。只要有组织，肯定有不合理，需要协调。在效率不高的时候，什么要容忍，什么要修改，什么要调整，需要大家思考。

——2010年12月18日马云在云锋基金（江苏）论坛上的演讲

2005年的一天，魅力四射的马云去参加一个地方论坛，并遇到了一位神秘的陌生人。

当时，有很多人找马云攀谈，马云有些应接不暇。突然，马云听到一个特别的声音："马云啊，我是聚众传媒的虞锋，想请你做我们公司的独立董事。"

马云定睛一看，原来是一个戴眼镜的高个子，斯文腼腆，似笑非笑。

马云仿佛看到了自己的学生一样，想了一下，就劈头盖脸地问虞锋：

“你做公司究竟是想卖掉，还是想上市？如果你是想卖掉，就不需要请我做独立董事了。”

当时虞锋心里很是吃惊，马云怎么知道自己心中的隐秘想法。因为当时，虞锋自己创办的聚众传媒和分众传媒“激战正酣”，而虞锋也有出售聚众传媒的念头。

“云锋之合”

不久后，马云的话果真应验了。2006年3月，分众传媒像巨蟒一样向自己的竞争对手聚众传媒张开血盆大口，以3.25亿美元收购了聚众传媒100%的股权。

虞锋卖掉聚众传媒后，开始“混迹”投资界，四处投资，“东一榔头西一棒子”。后来，有人提醒他：“与其零零碎碎做投资，还不如办个正规的基金进行规模化投资！”虞锋觉得很有道理。

2009年底，虞锋再次找到马云，说出一起创办私募基金的想法。

虞锋说：“有很多企业家找我们要钱，可是他们不仅仅缺钱，更缺的是战略、资源整合和组织配备。他们不知道怎么做到差异化经营。我们一半是投资人，一半是顾问。为什么不把我们每个人的力量整合起来？这样，投资时既能看清行业，又能做好顾问。”

马云觉得这个想法很好，就同意做该私募基金的发起人。按照美国惯例，马云和虞锋两人各取名字中的一部分作为基金的名字。

当时，马云高兴地说：“在这个基金里，虞锋你是主要干活的人，所以你的名字要排在前面，叫作‘锋云’基金，怎么样？”

虞锋想了一下说：“‘锋云’如风云，过得太快，而‘云锋’如云峰，应该能做得久。”

于是，马云的“云”字加虞锋的“锋”字，就有了“云锋基金”的名字。

为了募集资金，马云还邀请了自己的很多好友参与到“云锋基金”当中，先后募集约有100亿元资金。一切准备就绪之后，“云锋基金”呼之欲出。

2010年4月16日晚，在北京银泰中心宴会厅，媒体记者来回穿梭拍照，投行界知名风投人士不时交头接耳。不久后，随着热烈的鼓掌和喧闹声，各“发起人大佬”陆续到第一排就座，包括：马云（阿里巴巴董事局主席）、刘永好（新希望集团董事长）、史玉柱（巨人集团董事长）、王玉锁（新奥集团董事长）、沈国军（银泰投资董事长）、汪建国（五星电器创始人）、周少雄（七匹狼董事长）、王旭宁（九阳集团）、虞锋（聚众传媒创始人）。

当时，虞锋喜出望外地说：“当我们拿到一个项目时，互联网当然请马云去看，农业的会让刘永好去看，消费的由沈国军出马……其他的投资项目都找相应的人士去看。他们有着非常丰富的经验，也了解行业情况。”

“云锋基金”是中国唯一由成功创业者、企业家和行业领袖共同发起创立的私募基金，主要是为了创造下一代的领导者，培育未来世界级的企业。其重点投资领域包括科技、媒体、通信、文化娱乐、消费品零售、医疗保健等。

马云和虞锋等人创立“云锋基金”的目的，是为了“创造新型领导者，培育未来企业”，也就是说要创造“另外一个阿里巴巴、另外一个聚众传媒”。“云锋基金”和李开复创办“梦工场”、柳传志经营的“联想之星”等的私募基金一样，由企业家创办，不仅为企业提供资金，还为企业提供顾问服务，让被投资企业做正确的事，少走弯路，快速成功。

践行“文化和价值观”

马云投资“云锋基金”并非是为了获取个人财富，而是为了反哺社会、造福公众。

2013年5月27日，马云宣布将其持有的“云锋基金”股权的收益，全部捐献给阿里巴巴集团旗下的阿里巴巴公益基金，以开展环保公益活动。

阿里巴巴公益基金成立于2012年2月，由马云担任一号志愿者。该公益基金的资金主要来源于阿里巴巴集团及其旗下公司的捐赠。

为了满足公益基金的资金需求，在2010年5月，马云还宣布从2010年起将阿里巴巴集团年收入的0.3%拨作公益基金。在“云锋基金”成立后，马云又将“云锋基金”的股权收益“裸捐”给阿里巴巴公益基金。

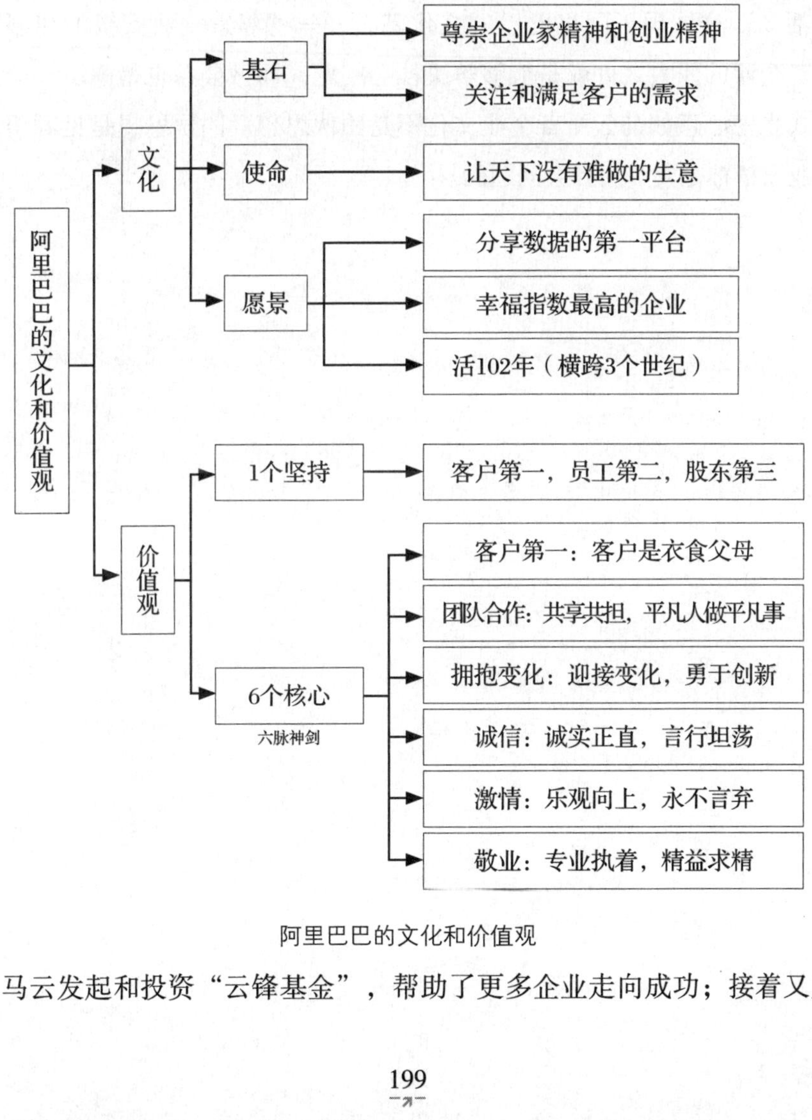

阿里巴巴的文化和价值观

马云发起和投资“云锋基金”，帮助了更多企业走向成功；接着又成立阿里巴巴公益基金，承担了更多社会责任。据此可见，马云作为一位伟大的企业家，正一如既往地传播和践行着阿里巴巴的文化和价值观。

马云认为："企业文化不是务实的宣传，而是要务实地做事，践行使命感。"而有了"云锋基金"的资金和顾问双重服务，就可以更好地实现阿里巴巴的使命，"让天下没有难做的生意"。马云通过实际行动要培育出"比阿里巴巴还阿里巴巴"的企业，也体现了阿里巴巴"拥抱变化"的价值观。因为只有"拥抱变化"的心境，才能"创造变化，消灭自己"。

马云将"云锋基金"的股权收益"裸捐"给阿里巴巴公益基金做社会公益活动，这体现了阿里巴巴的文化基石——"尊崇企业家精神和创新精神"。企业的伟大之处就是能够解决社会问题，而做公益也是解决社会问题的方式之一。正如马云所言企业文化不是团伙思想。团伙思想是见利望义，而企业家精神是要解决社会问题的。

企业就是一个生态链、野生动物园

员工的离职原因林林总总，只有两点最真实：第一，钱，没给到位；第二，心，委屈了。

企业就是一个生态链，企业就是一个野生动物园。我很高兴我们公司像野生动物园，各种各样的人都有。在各种人当中你应该去发现他们，用欣赏的眼光看待他们。

公司请人和留人是很大的学问。很多公司的优秀员工经常会被竞争对手“挖”走。公司的成长和发展靠人才，但绝对不能靠“挖”来的人才。

招有潜力的员工，在他们身上花时间，训练他们改变自己，训练他们提升自己，训练他们超越自己，永远是老板的责任，也是最值得和正确的投资。

公司的第一产品一定是你的员工，其次才是其他。

——2014年2月14日马云在“来往”“江湖情”扎堆上的文章

淡出公众视线很久的孙彤宇，最近又以“天使投资人”的身份回到了电子商务世界。

2010年孙彤宇作为“天使投资人”与陈啸共同创立了优众（ihaveu.com），专注做高端时尚消费领域的B2C。

孙彤宇是从阿里巴巴集团出来的，是中国电子商务的先驱者之一。他的命运起伏要从1995年说起。

1995年马云创办了中国黄页，开建“信息高速公路”。1996年春，孙彤宇加盟中国黄页，与马云朝夕共事。随后，孙彤宇追随马云北上帮助外经贸部建设官网及相关电商网站。因为“干得不爽”，1999年马云带着孙彤宇等创业团队杀回杭州，创办阿里巴巴。

带领“秘密团队”

2003年马云对孙彤宇委以重任，让其带领“秘密团队”开发C2C平台淘宝网。随后几年，淘宝网以免费策略逼退美国eBay公司，发展为亚洲最大的在线个人买卖平台。

那些年，孙彤宇和他梦幻团队度过了中国C2C电商领域快乐而激荡的黄金岁月。孙彤宇对自己的团队和淘宝网有着深厚的感情。由于劳苦功高，孙彤宇迅速升任至阿里巴巴集团执行副总裁、淘宝网总裁等重要职务。

几年后，由于市场变化和公司上市，马云想“送”几位公司高管去学习深造，并于2007年12月24日平安夜，宣布“干部轮休学习计划”和高层调整安排。其实，马云的安排并没有针对孙彤宇一人。

当时，阿里巴巴集团高层的调整安排如下：

阿里巴巴集团COO李琪于2008年6月1日，阿里巴巴集团CTO吴炯于2008年1月1日，阿里巴巴集团执行副总裁、淘宝网总裁孙彤宇于2008年3月1日，阿里巴巴集团资深副总裁李旭晖于2008年3月1日起，辞去阿里巴巴现有职务，正式进入学习和休整期。据安排，孙彤宇的职务将由原支付宝总裁陆兆禧接任。

对于孙彤宇来说，这一切来得太突然了。孙彤宇不愿意就这样离开淘宝网、离开自己耕耘多年的“战场”，但是他又不得不遵从集团的决定，更何况当时孙彤宇的妻子彭蕾，就在阿里巴巴做CPO（首席人力资源官）。为了不给大家难堪，孙彤宇选择不争辩、不抱怨，只能默默地离开。

对于此事，马云说：“我是让他们去享受人生，理解了生命和生活再回来。”

其实很多阿里巴巴的高管都知道“干部轮休学习计划”是什么意思，就是说有些高管能力不足了，需要新陈代射了。生物体需要新陈代谢才能成长壮大，像阿里巴巴这样庞大的互联网企业也需要这种“铁血调整”。多年之后，马云依然坚信那是一个痛苦但正确的决定。

在马云看来，企业就是一个生态链、野生动物园，各种各样的人都有，为了让这个生态系统更健康，就要适时调整，进行新陈代射。当马云做出似乎有失情面的“正确决定”时，有些员工的心受“委屈”了，提出要离开公司，而马云却从来不留人。孙彤宇追随马云多年，上京城下杭州、带团队创基业，劳苦功高，“官运亨通”，一时间难以接受这样的决定。并不是阿里巴巴的钱没给到位，而是“心受委屈”，孙彤宇选择离开阿里巴巴的原因大致就是这样的。

决定离开

孙彤宇去海外学习之后，想了很多、想了很久，最终决定离开阿里巴巴。2008年3月1日，孙彤宇按照阿里巴巴集团的“安排”辞去阿里巴巴所有职务，从此他和别人谈论的一切话题，都绕开淘宝网、绕开阿里巴巴、绕开马云……

对于孙彤宇的离开，马云感到惋惜，但是马云作为阿里巴巴集团主席，需要顾全大局，不能因为一个人的离开而改变自己“调整集团生态系统”的决心。孙彤宇离开后，他的妻子并没有受到丝毫影响，担任着支付宝CEO、阿里巴巴CPO等职。

马云说：“留人我从来不用钱。如果他真的想离开时，你就真的该让他离开。我从来没有用价值观铲除异己过。孙彤宇是我带出来的，我比谁都知道每个人的强项和弱项。每个人在什么环境下、在什么阶段做什么事情才是问题的关键。”

由于离开淘宝网时孙彤宇曾与阿里巴巴签署“避免同业竞争协议”，因此孙彤宇不可能再继续从事C2C电子商务领域。但是，孙彤宇这位互联网风云人物，不愿就这样销声匿迹。

就在孙彤宇辞去阿里巴巴所有职务几个月之后，2008年5月，孙彤宇就创立浙江博卡思教育软件公司，出任总经理。他开发出盒子世界儿童虚拟社区（hezi.com)，着力打造儿童思维养成体验的家庭互动网络平台。

在从事儿童教育产业和儿童教育品牌建设的同时，孙彤宇还做起了“天使投资”，最后投资了电商平台优众。多年修炼之后，自认“武功过时”的孙彤宇似乎找回了当年那个“激情万丈、斗志昂扬”的自己。因为他和阿里人一样尊崇着企业家精神和创新精神。

马云知道，“21世纪最贵的是人才，而且人才可以培养出来。怎么是养？最好的办法就是给他失败的机会，给他成功的机会”。马云知人善任，让孙彤宇带秘密团队组建淘宝网，狙击eBay，让孙彤宇获得大成功。2007年阿里巴巴在香港上市，阿里巴巴不再是“江湖气息浓重”的公司了，而是开放透明的公众公司。有些高管的能力需要进一步提升，所以，马云要实施“干部轮休学习计划”，让孙彤宇“失败”。

可是当年的孙彤宇过不了自己这一关，最终离开了阿里巴巴。在孙彤宇的身上，永远烙上了阿里巴巴文化和价值的印记。在多年静修之后，他最终“参禅彻悟”并以“天使投资人”的身份回到了电商领域。

创业者不能重走别人的路

一个人有他的时代，有他的环境，只有在他的时代，才有他的成功。创业者不能重走别人的路。我跟所有人一样，一开始榜样是比尔·盖茨、李嘉诚。后来发现他们不是我的榜样，没法学习，太大太强。

真正的榜样一定在你附近。你做小饭馆，榜样就是斜对面的小饭馆，它为什么门口排队而我们家服务员比客户多？它就是你的榜样。

偶像就是偶像。我的偶像不多，金庸是我的偶像，杨致远是我创业时的偶像。

——2006年9月9日马云在第三届网商大会上的演讲

1998 年的一天，雅虎的创始人杨致远到中国北京旅游。

当时马云给国家外经贸部做网站，也在北京。于是，杨致远就让马云陪着他四处观光游览，因为1995年马云去美国时与杨致远有过一面之缘。

当时，两人边游览长城边交流。马云在了解杨致远的创业经历之后，深深地被他的勇气和胆略所折服，并在潜移默化中将他当作自己的创业偶像。

创业偶像杨致远

1994年4月，在斯坦福大学读书的杨致远为了完成论文，就疯狂地在网上寻找资料。他边寻找边收藏书签，随着书签越来越多，他又把这些书签分门别类地进行整理。当一个目录容不下时，他又细分成子目录，这种目录拆分方式就成了雅虎搜索的原型。不久后，杨致远创立雅虎互联网导航指南，1995年3月杨致远就注册成立了雅虎公司。

杨致远把雅虎做成一个类似黄页电话簿的搜索引擎，它将全球网址分成新闻、娱乐、科学、教育等十几个门类，然后再细分出更多子目录。这样，上网者就可以快速方便地找到自己想要的资料。

不久后，杨致远开始将雅虎搜索引擎商业化，他让用户免费使用雅虎搜索平台，以提高网站流量，然后靠网站上的广告盈利。

当时，马云在西雅图看到雅虎网站时，对杨致远就特别佩服——他大学没有毕业就创办了雅虎公司，真是勇气可嘉；后来他又将搜索引擎商业化，可见他极具商业头脑而且胆略过人，因为没有人这样做过。后来，马云回国创办的中国黄页，也参照了雅虎搜索的一些基本框架。

1999年马云创办了阿里巴巴，但前几年马云很难熬，因为阿里巴巴没有很好的盈利模式。但是，美国雅虎公司却做得很成功，其业务先后进入美国、日本、中国大陆和台湾地区。

偶像的力量是无穷的，小鹿纯子是马云少年时的偶像，金庸是马云的文化偶像，而杨致远则是马云的创业偶像。每一位偶像都给马云带来了不同程度的影响。马云告诫人们，要找到自己的创业偶像，不要好高骛远、崇洋媚外，不要张口比尔·盖茨、闭口李嘉诚，只要在自己的周围寻找就可以了，因为偶像和榜样“一定在你附近”。

偶像的影响

见到杨致远这么成功，马云说：“免费是雅虎想出来的，靠广告盈利是雅虎想出来的；互联网泡沫，也是雅虎首先提出来的，好像整个互联网都是雅虎的天下。杨致远就是我的偶像。”

在偶像的影响下，马云知道互联网企业成功的关键根本不是什么风投而是实实在在的创新，只有创新才有希望。于是，马云在阿里巴巴推出了免费会员，并研发了中国式盈利模式，就是在免费会员中发展诚信通（第三方诚信认证）付费会员。

后来，2005年马云将雅虎中国的所有业务并入阿里巴巴，也是基于对创业偶像杨致远的美好印象。但是精通于在阿里巴巴B2B平台捕捞“虾米”的马云，虽然使出了浑身解数，仍不能挽回雅虎中国的大败局。苦撑8年后，2013年9月马云宣布关闭中国雅虎。

虽然中国雅虎不在了，但是在过去很长一段时间里，杨致远这一创业偶像的力量一直在影响和激励着马云。

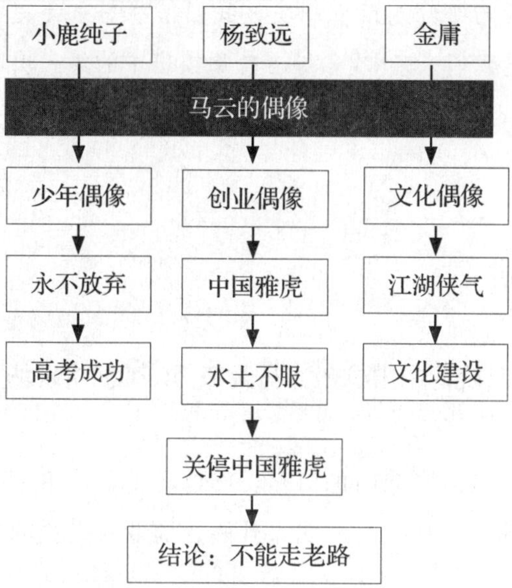

马云的偶像

现在，马云又成为了很多创业者的偶像，他们关注马云、研究马云，总结他的成功经验。马云认为崇拜偶像无可厚非，但是人们倘若跟着偶像走并不一定能成功，因为时代不同、市场环境不同，“创业者不能重走别人的路”。

正所谓时势造英雄，不同的时势造就不同的英雄。马云虽然崇拜杨致远，但是时代不同、国情不同、市场不同，因此马云并不能像杨致远在美国做雅虎那样，在中国做好中国雅虎。

领导者轮岗换班制度

第一，公司没人可以制衡我。第二，如果我已经做了决定，哪怕是错误的也必须执行。第三，你们都认为是错误的决定，不一定就是错误的。

阿里立志发展102年，我们还有88年要走，没有健康、良好的年轻人接班制度，我们很难想象会走到那一天。今天只是我们未来N次领导者轮岗换班中的第一次。

——2013年1月15日马云给阿里人的内部邮件

卸任CEO演讲

2013年5月10日晚，中国杭州，马云卸任CEO演讲现场，灯光闪动、音乐奏起……

当晚，马云身着清爽的白色衬衫、深色裤子，他语重心长地说："从今晚12点以后，我将不是CEO。从明天开始，商业就是我的票友。我为自己从商14年深感骄傲！

"10年之间，淘宝能成功，电子商务能在中国成功，是因为人与人之间建立起了信任关系。感谢10年来团队给我的信任。现在的时代是年轻人的时代。希望大家像支持我一样支持继任者陆兆禧及其新团队！"

当晚，很多阿里巴巴的同事从全球各地赶来，认真聆听这位商业巨子的肺腑之言。

马云卸任阿里巴巴集团CEO后，实施领导者轮岗换班制度，陆兆禧（绰号"铁木真"）接替马云出任阿里巴巴集团首席执行官。

领导者轮岗换班制度

陆兆禧在阿里巴巴工作13年，掌管过B2B、淘宝C2C和支付宝三大支柱型业务，并负责阿里巴巴最为核心的数据业务。所以，他是领导者轮岗换班中的不二人选。

马云说："陆兆禧和我共同工作了13年，他对新事务的欣赏和学习能力，对关键问题的决断力和强大的执行力令人印象深刻，更重要的是，在阿里集团13年的经历造就了他乐观且坚忍不拔的毅力和对小企业、消费者的忠诚和感恩。我深信他会在大家的支持和帮助下，带领阿里集团在商业生态建设上创造更大的奇迹。"

面对未来，陆兆禧希望所有阿里人都能"实干兴邦"，他说："又能说又能做的人，我觉得是天才。能说不能做的人挺多，能做不能说的人也不少。我属于能做但不大能说的。"

马云，岁至天命，载誉无数，功成身退，却退而不休，他是很多企业家"理想的范儿"。马云在担任阿里巴巴CEO时强调的是铁血般的执行力，"哪怕是错误的也必须执行"。马云卸任CEO后，从自己做起，践行领导者轮岗换班制度。

马云的领导者轮岗换班制度与华为的"轮值CEO"不同。华为创始人兼CEO任正非，下面安排有三名"轮值CEO"对公司进行管理，他们每6个月轮值一次。而阿里巴巴为了确保强大的执行力，CEO只有一个，而且任期也比较长，适合推进中长期战略。

企业不论是采用哪种管控方式，只有适合公司的发展，它才是最好的。

下一个马云就是你！If not you, who?

我创业的时候曾想证明一件事情：如果马云创业都能成功，那么80%的人创业也能成功。因此，大家一定要有理想和执着。

做企业不是做今天，而是做10年以后。20世纪做生意我们靠寻找机会，而这个世纪我们做生意要解决社会问题，只有解决不断出现的社会问题才能有机会。坚定走10年，企业一定会走出来。

世界发展到今天，谁都没有经验，我们没有办法改变昨天，但是30年以后的今天是我们今天这帮人决定的。改变自己，从点滴做起，坚持10年，这是每个人的梦想。

我感谢这个变化的时代，我感谢无数人的抱怨，因为在别人抱怨的时候，才会有机会；只有变化的时代，才是每个人看清自己有什么、要什么、该放弃什么的时候。

——2013年5月10日马云卸任阿里巴巴集团CEO时的演讲

要坚信马云创业都能成功，那么80%的人创业也能成功，下一个马云就是你！

If not now，when? If not you，who? ！倘若不是现在，那是何时？倘若不是你，那会是谁？！正在阅读的你，不应该属于那20%的人，他们光抱怨蹉跎，今天想法上千万，明天起来继续走老路。

或许你没有伟岸之躯、羞花之貌，不要紧，相貌往往与智商成反比；或许你没有上过大学，不要紧，你要在社会中学习；或许你正谈着恋爱但买不起房，不要紧，只有患难与共的创业夫妻才最稳固；或许你爱看小说、玩游戏，不要紧，因为痴迷于武侠小说的人也能成功。

关键是要有想法，年轻人如果在三五年内没有想法，那么你的一生就像落叶一样，慢慢枯萎，随风飘落，一切终归尘土……

活着，怎么活

你每天挤着罐头公车满头大汗地上下班，你关心上班时间但没有时间关心自己；你在呼啸的地铁中打盹，摇晃麻木的身体好像不是自己的；你在都市霓虹灯下为那人那事买醉沉沦。

你曾经多少次梦回那恬静的田园、那远离尘嚣的旷野、那柔软的沙滩。此时此刻的你却在单位中遭遇着“天花板”，忍受着潜规则，或在天桥下等待新东家的电话再次响起……

再也不能这样浑噩下去，你要绝地呐喊，换个活法！这是一个变化的世界，每个人都有机会。就从今天起，为了重新证明自己，选择一个人在路上。不再理会别人鄙夷的眼光和穿心恶语，因为勇于攀登的人只听到一种声音，那就是自己的喘息声……

创业，怎么做

挑个日子，搭上爱人、叫上好友、找点闲钱，取个响亮的名字，没有花篮、没有礼炮，你的公司你的孩子就这样诞生了。你要挑最容易、最简单的事情来做，把困难的事情留给别人，你要为社会解决问题，你的想法要傻、要天真。你的心不能太大，因为小公司的战略很简单，就是挣钱，活下去。当别人说你是骗子和疯子时，说明你已在成功的路上狂飙突进。

没有资金，你要找人合伙；没有技术你要外包，没有计划你要变化。创业之后，你每天面对的不是成就感和满足感，而是困难和问题，你要学会在阳光灿烂的时候修理屋顶。你要在公司最好的时候去融资，去找更多的合伙人，为共同的愿景和梦想而奋斗，永不放弃。

大业，怎么举

在遇到问题时，要想着“客户第一，员工第二，股东第三”。你要开源节流，你要吃尽常人无法想象的苦头，你要一个客户一个客户地积累。当你的客户由量变实现质变时，你在成长，你的公司也在扩张。你不用请什么职业经理人，也不用请什么MBA，因为他们是波音飞机的引擎，用在你独木舟般的公司里，是摆设也是浪费。你要在合伙人中找可用之人，组成“唐僧团队”，因为只有他们才会追随你、相信你，用生命做事。

你的公司将面临1000次失败，你需要不断变革，组建小而美的组织，需要管理出一批优秀员工，让问题止于员工之手。你要清理内部腐败，坚守诚信的底线。当你解决的社会问题越来越多、帮助的客户越来越大的时候，你的大业才得以常青。

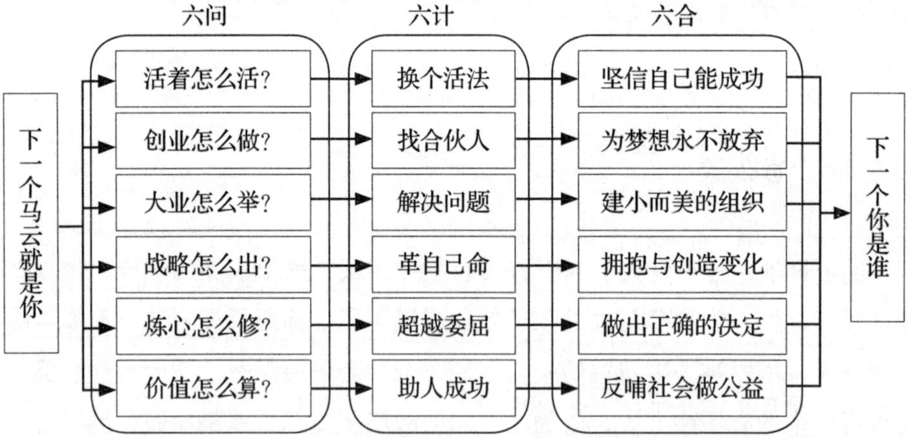

人生六问、六计与六合

战略，怎么出

公司的发展战略源自于市场机会，机会源自于人们的抱怨。当你听到很多人抱怨的时候，你应该庆幸你的机会来了。在公司渡过温饱线之后，你可以想一些要革自己命的“战略”，不断进行自我否定、否定之否定。可以参考现在热门的做法，利用线上业务消灭线下业务，利用无线业务消灭有线业务，利用共享数据消灭封闭数据等。

对于新兴事物，你要怀着敬畏之心，学会拥抱变化、创造变化。千万不要看不见、看不起、看不懂，当你想做的时候往往已经来不及。世上没有永恒的帝国，只有永恒的生态系统。所以，你要搭建一个生态系统，吸纳资源、新陈代射，你坚持做到开放、共享、透明和承担责任。

炼心，怎么修

在人生和创业过程中，你不可能永远是对的，但是基于对客户负责、对社会负责的态度，你需要做出一些艰难、不完美但正确的决定。随着你的决定越来越多，误解和委屈也与日俱增，你要学会看轻看淡。如果你是对的，时间会证明一切，如果你是错的，时间也不能证明什么。

在创业中，自我、生活和工作将融为一体，你要学会苦中作乐。你要学会关心自己、关心家人、关心员工，只有这样你才能关心社会。

为了让自己的心灵平静下来，你可以培养一些爱好，或著文，或练拳，或绘画，或奏乐……这样，你的人生才会更加丰富。

价值，怎么算

为了最初的使命坚持10年以上，或许你会上市融资、跻身富豪榜、荣耀加身；或许你最终遭遇失败，你不要抱怨、不要死心，面对芸芸众生的十字街头，要像落败的棋手一样思考新的路数。

你的价值不在于账上数据，而在于你苦难的经历，在于你帮助了多少人采撷成功之花。你在努力过程中所释放出来的精神意志与励志箴言，将被很多人视为“阿波罗的珍宝库”。

十载坚守隐忍，十载商海竞渡！

看着各种指标扶摇直上，而皱纹亦像爬山虎一样蔓上你的面庞。你的价值，因为你的持续努力放大了一万倍、一亿倍。

富裕之后，你不要急着移民、享乐，因为财富源于社会，你要学会反哺社会。你可以退居幕后，可以做点公益活动，也可以到学校做讲师，为这个社会留下更多的不一样的东西。

当你发现另外一个年轻的“你”，他那么天真，那么好奇，那么崇拜你，对未来充满幻想，那你应该毫不犹豫地对他说：“下一个我就是你！”

参考文献：

[1] 陈伟. 这还是马云. 浙江人民出版社，2013.

[2] 贾丹丹，杨硕. 马云内部讲话. 新世界出版社，2013.

[3] 赵建. 马云传. 中国画报出版社，2013年.

[4] 张燕. 马云献给年轻人的12堂人生智慧课. 北京联合出版公司，2013.

[5] 魏昕，石海娥. 马云帝国内幕. HarperCollins UK，2013.

[6] 余林. 马云管理课. 成都时代出版社，2013.

[7] 马云. 马云卸任CEO演讲. 酷6，2013.

[8] 阿里巴巴中国站. www.1688.com，1999～2014.